사모들의 속마음

세움북스는 기독교 가치관으로 교회와 성도를 건강하게 세우는 바른 책을 만들어 갑니다.

속마음
시리즈
1

사모들의 속마음

요즘 사모는 어떻게 탄생하고 어떻게 살아 가는가

초판 1쇄 인쇄 2024년 7월 20일
초판 1쇄 발행 2024년 7월 25일

지은이 | 강소라 박세윤 박슬아 소지희 이슬비 이은미 이정희
펴낸이 | 강인구

펴낸곳 | 세움북스
등 록 | 제2014-000144호
주 소 | 서울시 종로구 대학로 19 한국기독교회관 1010호
전 화 | 02-3144-3500
이메일 | cdgn@daum.net

일러스트 | 강소라
디자인 | 참디자인

ISBN 979-11-93996-08-9 (03230)

속마음
시리즈
1

사모들의 속마음

요즘 사모는 어떻게 탄생하고 어떻게 살아 가는가

강소라 · 박세윤 · 박슬아 · 소지희 · 이슬비 · 이은미 · 이정희

세움북스

교회 안의 '사모'만큼이나 가까이 있지만 잘 알지 못하는 대상이 또 있을까 하는 생각이 들었습니다. 목사 뒤에서 그림자처럼 사역을 돕고, 자녀를 돌보며, 때로는 교회 이곳저곳에서 벌어지는 여러 일들에 동원되지만 정작 사모의 삶은 주목받지 못합니다. 교회 안에서, '사모는 이래야 한다', '사모는 이래서는 안 된다'라는 오랜 규정은 존재하지만, 한 사람으로서, 한 명의 성도로서, 한 사람의 아내와 엄마로서의 사모가 살아가는 삶은 오랜 규정 뒤에 숨겨지곤 합니다.

이 책은 사모들의 생각과 삶을 소개하는 최초의 책일지도 모르겠습니다. '속마음'이라는 제목에서 어쩌면 교회와 기성세대, 질서를 비판하는 내용을 기대하는 독자도 있겠지만 이 책이 바라보는 지점은 거기에 있지 않습니다. 이 책은 순수하게 '사모의 삶'을 향하고 있습니다. 평범한 한 여성이 어떤 시간을 거치며 사모가 되었고, 그녀에게는 어떤 시간들이 펼쳐지며, 그녀는 그 시간 속에서 어떤 마음과 생각으로 살아가고 있는지를 차분하고 담담하게 그려 나가고 있습니다.

이 책은 서로 다른 일곱 명의 '요즘 사모'들의 이야기입니다. 일곱 사모의 이야기가 모든 사모들의 이야기가 될 수는 없겠지만, 모든 사모를 이해하는 좋은 길잡이가 될 것입니다. 사모들의 이야기를 들어 보세요. 그녀들의 생각과 고민, 갈등과 관심 등 이전에 미처 관심 갖지 못했던 따뜻한 이야기는, 교회 안의 잊힌 존재인 '사모'에 대한 이해와 배려라는 또 다른 세계로 여러분을 인도할 것입니다. _편집부 올림 목회자는 목회자로서 받은 사명이 있어 신대원을 졸업하고 사역의 길에 뛰어든 사람이지만, 사실 사모는 그렇지 않습니다. 사모로서의 부르심이 없다는 것이 아니라, 사모는 내가 사모가 되어야겠다는 결심으로 준비하는 과정이 없이, 내가 만난 남편이 목회자여서 사모라는 원하지도 않고 잘 알지도 못하는 길에 들어서 버리는 경우가 많다는 것입니다. 그렇기에 목회자는 대개 신대원을 졸업한 후의 삶과 사역의 모습이 거의 천편일률적이지만(교회 사역자) 사모는 오히려 다양한 모습으로 존재할 수 있는 것 같다는 생각이 듭니다. 전통적인 사모, 직업을 가지고 일하는 사모, SNS(인스타그램, 유튜브, 블로그 등)를 통해 재능과 영향력을 펼치는 사모 등 다양한 모습의 사모님들이 계십니다.

이 책에 그러한 다양한 사모들의 모습이 담겼습니다. "사모는 잘해야 본전" 내지는 "사모는 욕먹는 자리"라는 인식이 한국 교회 안에 편만하지 않나 생각합니다. 그만큼 조심스럽고 어려운 자리입니다. 그래서 자기 이야기를 솔직히 풀어내는 사모님들의 이야기가 더 귀하게 느껴집니다. '어쩌면 이 책에 풀어놓은 내 속마음 때문에 사모라는 자리에 대한 오해가 쌓이지는 않을까? 사역자인 남편에게 혹시나 어려움을 주진 않을까?' 전전긍긍하며 조심스러워하면서도 진솔하게 사모로서 느끼는 속마음이 담대하게 펼쳐져 있기도 하고, 전통 교회에서 바라던 전형적인 사모상에서 조금은 벗어나 보일 수 있지만, 교회가 무너져 가는 상황 속에서도 사모라는 이름으로 발버둥 치는 다양한 삶의 이야기들이 이 책에 녹아져 있기도 합니다.

이 책을 통해 전국 교회에서 사모로서 존재하는 모든 분들이 공감받을 수 있었으면 좋겠습니다. 또한 어쩌면 목회자보다 더 어려운 자리인 사모들을, 더 이해하고 위로하면서 함께 교회를 세워 갈 수 있기를 바라는 마음을 담아 이 책을 추천합니다!

♥ **정천성 목사** _ 강소라 사모 남편

이 책을 쓴다고 했을 때 염려가 된 것은 사실입니다. 목회자와 사모의 입장에서 목소리를 낸다는 것이 아직까지는 한국 교회가 받아들이기에 민감하거나 불필요한 오해의 소지가 있을 수 있다고 생각했기 때문입니다. 그만큼 목회자와 그 가정에 대한 교회의 선입견과 기대가 결코 가볍지 않다는 것입니다. 그럼에도 이 글이 한국 교회에 새로운 관점을 열어 줄 것 같은 마음이 들어 아내와 함께 고민하며 글을 써 보기로 결정했습니다.

교회에서 사모는 '목회자의 그늘 뒤에 있는 사람', '교회에서 눈 밖에 나서는 안 되는 사람', '보이지 않는 곳에서 목회자를 내조하고 돕는 사람'이라는 인식이 많은 것 같습니다. 그러나 사모도 한 사람의 성도이자 하나님의 형상으로 존귀하게 지음받은 존재입니다. 그렇기에 사모로서의 정체성 이전에 한 사람의 성도로서 인생의 스토리를 가지고 있습니다. 그래서 어떻게 보면 이 책에 실린 글들은 사모로서 목소리를 낸다기보다 하나님께서 '사모'로 불러 주신 한 사람, 한 사람의 인생을 어떻게 인도하셨는지를 보여 주는 책이라 할 수 있습니다. 하나님께서 어떻게 '사모'로 부름받게 하셨고, '사모'의 섬김을 통해 어떻게 주님의 몸 된 교회를 세우시고 하나님 나라를 이루어 가시는지 이 책을 통해 확인할 수 있습니다. 그런 점에서 이 책은 한국 교회가 기존에 오랫동안 가지고 있던 인식에서 시야를 좀 더 넓혀 주는 책이라 생각합니다.

이 책이 한국 교회와 목회자 가정을 이어 주는 중요한 연결고리로 쓰임받기를 축복합니다! 성도는 사모의 입장을 좀 더 이해하고 서로가 건강한 관계 속에서 주님의 몸 된 교회를 아름답게 세워 나가는 계기가 되기를 기대합니다. 지금도 그리스도 안에서 온전한 성숙을 이루어 가기를 힘쓰면서 목회자의 아내이자 교회의 사모로 살아가는 아내 세윤에게 감사와 응원을 보내며, 이 책을 한국 교회와 성도들에게 추천합니다!

💙 **이현수 목사** _ 박세윤 사모 남편. 파이디온선교회 사역자훈련팀 간사

아내는 어려서부터 사모가 되고 싶어 했습니다. 어쩌다 보니 목회자를 만났고, 결혼했더니 '사모님'이라고 불러 주어 사모가 된 것이 아니라, 어려서부터 사모가 되기 위해 기도로 준비했고, 그 가운데 목회자인 저를 만나 사모가 된 사람이 바로 이 글을 쓴 저의 아내입니다. 어쩌면 목회자인 저보다 믿음이 좋은 것 같습니다. 저는 목회자로서 하나님께

서 이 믿음을 얼마나 기뻐하시고 받기를 원하시는지 압니다. 한 여자로, 엄마로 사는 것도 어려운데, 목회자인 남편과 함께 교회를 세우고 성도를 섬기는 그 어려운 목회의 길을 마치 자신의 사명으로 받아 그 길을 가겠노라 목회자와 결혼하는 사람들은 사실 오늘날에는 많지 않은 것 같습니다.

그런데 오늘날 여전히 목회자와 사모에게 거는 기대가 크다는 사실을 발견합니다. 사모가 된 이상 이제는 교회 안에 누군가와 마음을 터놓고 이야기하는 일은 어려워지게 됩니다. 말할 수 없는 것들이 생기기 시작하고, 무엇을 선택하고 의사를 표현하는 일도 어려워질 때면 남편인 저도 그러하지만 사모들은 더욱이 심리적인 어려움을 느끼기도 합니다. 그런데도 굳이 이 외로운 자리를 가겠노라 기도하며 지금도 함께 동역하는 아내를 보면, 단지 저를 사랑하는 그 사랑만으로는 할 수 없다는 생각이 듭니다. 누구보다 하나님 앞에 서 있어야 하는 한 성도이면서, 어쩌면 저보다 더 하나님께서 자신에게 준 사명으로 받고 사명자로서 끝까지 싸우지 않으면 안 되는 자리라는 사실을 느끼게 됩니다.

어쩌면 이 글은 단지 제 아내의 속마음은 아닐 것입니다. 모든 사모님들의 속마음이었으리라 생각됩니다. 이 글이 교회 가운데 치열하게 자기 역할을 찾고 구하며 감당해 나가셨던 과거 모든 사모님들, 특별히 작은 농촌 시골 교회에서 호미로 딱딱한 땅을 다듬었던 성도와 목회자를 위해 눈물로 기도하셨던 고향 교회 사모님에게 위로와 기쁨의 글이 되었으면 좋겠습니다.

💜 **염효섭 목사** _ 박슬아 사모 남편

공동체 안에서 나눔을 하며 깨닫게 된 사실은 교회 안에는 많은 틀이 존재한다는 것입니다. 이것은 사람에게도 존재하는데, 그래서 사용하는 말이 "사모가 그러면 안 되지", "성도가 그러면 안 되지"라는 말입니다. 이 틀은 '거룩'이라는 이름으로 포장되어 목회자, 사모, 성도를 힘들게 하고 있으며 주님이 주신 자유를 누리지 못하게 만듭니다. 이 책은 그런 틀을 깨 주는 책입니다. 우리가 생각하는 사모의 모습과는 같을 수도 있고 다를 수도 있습니다. 우리가 생각하는 공동체의 모습과 같을 수도 있고 다를 수도 있습니다. 하지만 모두가 다양한 방식으로 주님을 경험했고 그것은 한 곳으로 이어지고 있음을 보여 줍니다. 그것은 '복음의 은혜'입니다. 모두가 다른 방식으로 책을 써 내려갔지만, 그 어떤 것도 주님의 이끄심이 아닌 것이 없습니다.

성도들은 목사와 사모, 또는 목사의 가정에 대한 기대치나 환상을 가지고 있기도 합니다. 그렇기에 자신을 솔직하게 얘기한다는 것은 사모들에게 큰 용기가 필요합니다. 사모들의 용기 있는 고백을 통해 '사모도 똑같은 사람이다'라는 점을 느끼게 해 줍니다. 이 책에 사모들의 속마음(사정)을 솔직하게 담아낸 것을 보면서 사람 냄새가 남을 느낍니다. 사람 냄새가 나는 이 책을 통해 사모와 성도의 거리가 좁혀질 수 있겠다고 생각했습니다. 그뿐 아니라 성도들이 목회자와 사모도 나와 다르지 않다는 것을 통해 위로받을 수도 있겠습니다. 책을 읽다 보면 참 다양한 모습을 보게 됩니다. 하지만 모두의 결론은 하나입니다. '예수님'입니다. 예수님을 따르는 공동체에 한 구성원인 사모의 이야기를 통해 하나님께서 주신 은사를 사용하는 것의 기쁨과 감사가 무엇인지를 깨닫게 됩니다.

이 책은 사모들이나 목회자가 읽어야 하는 책이 아닌 모두가 읽고 깨달을 수 있는 책입니다. 이 책을 쓸 때 아내가 책의 첫 문장을 계속 고민하다 이렇게 정했습니다. "나는 행복한 사모입니다" 그리고 이 책을 읽으면서 사모이지만 하나님의 자녀로 살아가는 아내의 행복을 느꼈습니다. 그래서 저도 같이 고백할 수 있습니다. "저는 행복한 목사입니다" 이 책을 읽는 분들 역시 책을 읽고 하나님의 은혜를 돌아보며 이렇게 말하게 될 것입니다. "나는 행복한 성도입니다"

♥ **유지훈 목사** _ 소지희 사모의 남편. 스토리처치 담임

사모님들의 글을 읽으면서 공통적으로 느낀 바는, 사모님들은 사모 이전에 한 사람, 한 명의 그리스도인이라는 것이었습니다. 우리 그리스도인들은 이 세상을 살아가면서 각자가 맡은 역할이 있습니다. 이를 옷으로 비유할 수 있을 것 같습니다. 좋아하는 옷을 입을 때도 있고, 불편하지만 장소와 시간에 어울리는 옷을 입을 때도 있고, 늘상 입는 옷을 입을 때도 있지요. 이처럼 우리는 아내, 남편, 엄마, 아빠, 직장인, 목사, 사모, 전도사, 선생님 등등의 여러 가지 옷을 입습니다. 그러나 그 옷을 모두 벗는다면 결국 남는 것은 '나' 자신입니다. 마치 태초에 아담과 하와처럼, '하나님의 자녀'라는 정체성만이 남게 됩니다. 그러나 많은 옷을 껴입거나 갈아입다 보니, '나'라는 존재가 과연 어떤 사람인지 혼동하며 살아갈 때가 많습니다.

이 책의 저자인 사모님들은 각자 다른 모습이지만 같은 옷을 입고 있습니다. 그 옷은 때로는 눈치 보이고, 불편하기도 하고, 나와는 맞지 않

는 것만 같을 때도 있을 것입니다. 그래서 사모로서 살아가는 각자의 삶에 문제가 있음을 느끼고, 그것으로 인해 씨름하기도 합니다. 그러면서 사모 이전의 자기 모습을 찾아가기 시작합니다. 나 자신이 어떤 사람인지 마주하기 시작합니다. 그리고 깨닫습니다. 나는 사모 이전에 먼저 하나님의 자녀라는 사실을 다시 마주보기 시작하는 것입니다.

지금, 사모라는 옷을 입은 자기 모습을 거울에 비춰 본다고 상상해 보십시오. 사모라는 옷은 거룩하고, 아름다운 옷입니다. 그러나 입은 사람의 표정이 지치고, 우울한 모습이라면 거울에 비친 그 모습은 결코 아름답지 못할 것입니다. 옷을 입기 전의 내 모습이 아름다워야 진정으로 아름다울 수 있는 것이지요. 사모 이전의 내가 하나님의 자녀라는 사실을 다시 마주하고, 하나님 앞에 환하게 웃는 얼굴로 변하기 원하는 분들은 이 책을 꼭 읽어 보십시오. 그리고 자기 자신을 마주하십시오. 그것을 두려워하지 마십시오. 이 책으로부터 용기를 얻으십시오. 이 책의 저자들을 만나 주신 하나님께서 여러분을 동일하게 만나 주실 것이라 믿습니다.

🖤 **김대훈 목사** _ 이슬비 사모 남편

이 책에는 다양한 모습의 그리스도인 사모님들이 등장합니다. 한 사람으로서 또 목사인 남편과 더불어 살아가는 사람으로의 솔직한 삶의 모습이 담겨 있습니다. 사모라서 특별하다기보다 하나님의 자녀로서 받는 은혜가 더 크다고 느껴지는 책입니다. 사모이지만 이 시대를 살아가는 그리스도인으로서의 삶의 간증들이 담겨 있습니다. 다양한 모습

사모들의 속마음

의 사모님들이 그리스도 안에서 통과한 삶의 고백들이 채워져 있습니다. 저는 아내의 글을 읽으며 계속 울고 웃었습니다. 왜냐하면, 제가 미처 알지 못했던 아내의 씨름과 눈물을 느꼈기 때문입니다.

저는 목회하는 것이 즐겁고, 새롭고, 흥분됩니다. 그렇기에 결혼 후에는 제 아내도 당연히 목회를 동역하고, 모든 것에 함께해 주기를 원했습니다. 하지만 아내는 제가 원하는 만큼 목회를 공감해 주지 못했습니다. 시간이 지나서 보니, 당연히 아내는 가정과 재정을 함께 책임져야 했고, 육아도 감당해야 했기 때문이었는데, 당시에는 제가 아내의 마음을 잘 헤아리지 못했던 것 같습니다.

결혼 생활을 통해, 또 아내의 글을 통해 사모라는 존재가 목사에게 속해 목사를 보조하는 역할 정도가 아니라, 하나님께서 사랑하시는 한 사람, 온전히 '이은미'라는 사람의 자리요 허락하신 사명이라는 것을 깨달았습니다. 앞으로 사모로서 살아가는 아내를 진심으로 지지하고 응원하며 이 책을 추천합니다.

💙 **꽁산하 목사** _ 이은미 사모 남편. 위드처치 담임. 《결혼생활, 나만 힘들어?》 저자

저는 아직도 아내가 사모라는 것이 믿기지 않습니다. 물론 목사인 저도 가끔 청년들에게 "목사님은 전혀 목사님 같지 않아요. 조폭 같아요"라는 이야기를 듣는 것을 보면 이것이 그리 이상한 일은 아니겠죠. 결코 평범하지 않은 두 사람이 하나님의 뜻과 섭리 가운데 만나 한 사람은 목사가 되고 한 사람은 사모가 되었습니다. 목사 같지 않은 목사와 사모 같지 않은 사모가 만났으니 그동안 얼마나 많은 일들이 있었겠습니까?

아주 어린 시절, 철없는 고등학생과 어디로 튈지 모르는 중학생이 만나 불꽃 같은 시간들을 보내고 하나님의 인도하심 가운데 오늘까지 왔습니다. 그리고 그동안에 있었던 수많은 일들 가운데 아내가 일부분을 글로 솔직하게 풀어냈습니다. 개인적으로는 '너무 솔직하게 쓴 것 아닌가?' 하며 걱정되는 마음도 있고, 또 한편으로는 조금 부끄럽기도 합니다. 하지만 '평범치 않은 목사와 사모의 일상의 모습들이 다른 이들에게는 또 다른 재미와 감동을 주지 않을까?' 하는 생각도 드네요. 목회자와 사모로서 살아가기 쉽지 않은 이 시대 속에서, 모든 것이 부족하지만 '이렇게 서로 믿고 의지하며 예쁘고 아름답게 살아가려고 하는 목회자 부부가 있구나' 하며 봐 주시면 좋을 것 같습니다.

늘 제멋대로인 남편을 항상 최고로 여겨 주며 힘이 되어 주는 아내에게 감사의 말을 전하며, 특별히 이 시대 하나님의 부르심을 받은 목회자들과 이들의 곁에서 눈물로 기도하며 동역하는 모든 사모님들께 진심 어린 위로와 격려를 전하며 이 책을 추천합니다.

🖤 **김아론 목사** _ 이정희 사모 남편

목차

소냐도라(SOÑADORA),
꿈꾸는 사모

강소라

남미 칠레 로스 안데스 대학교에서 치의학을 전공했으며,
치과 의사로 칠레에서 일하면서
의료 선교 사역을 하려고 꿈꾸다가 목회자 남편을 만났다.
잠시 꿈을 미뤄 두고 한국에서 결혼하는 길을 선택,
현재는 사모로서 교회를 섬기며 두 아이를 양육 중이다.
어려운 교회 공동체를 섬기길 소망하는
남편의 비전을 같이 마음에 품고 함께 기도하며
국제학교 교사를 준비하고 있다.

고슴도치 사모

나는 남미 칠레에서 15년을 살았다. 초등학교 5학년이 되고 얼마 지나지 않아 가족과 함께 칠레로 가서, 초중고 과정을 마치고 대학교까지 졸업했다. 부모님을 만족시키는 게 삶의 전부라고 여기는 K-장녀였던 나는 어렸을 때부터 '치과 의사'가 될 것이라고 입이 닳도록 말하고 다녔다. 그리고 다사다난했던 학창 시절을 지나 마침내 치과 대학을 졸업하게 되었다. 내 인생 계획 안에 '사모'라는 단어는 존재하지 않았다. 열심히 일하며 여러 세미나도 참석하고, 해마다 한두 번 정도는 의료 선교를 다니는 멋진 치과 의사가 되고 싶었다. 그런데 그렇게 계획했던 삶의 한 걸음을 이제 막 떼려고 할 때쯤 나는 남편과의 결혼을 결심했고, 한국으로 돌아왔다. 남편이 목사였기 때문에 나는 자연스럽고도 당연하게 사모가 되었다. 그리고 지금은 한국에서 사역 중인 남편과 함께 두 아이를 양육하며 살아가고 있다.

사춘기 시절을 2-3천 명 남짓한 한인 사회에서 보낸 나는 필요 이상으로 남의 눈치를 많이 보는 어른으로 자랐다. 상대방의 행동 하나하나에 의미를 부여하고 확대 해석해서 상처를 받는 예민한 사람으로 자랐다. 이 부분은 아직까지도 완전히 해결되지 않았고 여전히 내게 고민거리로 남아 있다. 그런데 놀라운 점은 사모가 된 후 이러한 부분이 오히려 긍정적으로 작용하고 있다는 사실이다. 나의 예민함을 하나님은 섬세함으로 바꿔 주셨고, 덕분에 교회에서 성도들과 짧은 인사를 나누며 그분들의 표정만 보고도 오늘의 기분이 어떤지 어느 정도 파악할 수 있었다. 그리고 이것은 남편의 사역에 도움을 주는 것으로 연결되었다.

조금은 특별한 어린 시절을 보낸 나는 아마도 고슴도치를 닮은 듯하다. 고슴도치의 등에는 대략 5,000개의 가시가 촘촘하게 박혀 있는데, 가시들이 서로 엉켜 있어서 빈틈이 없다. 고슴도치는 공격이 아닌 방어를 위해 자기 몸을 말아 가시들을 세운다. 나도 고슴도치처럼 상처받지 않으려고 방어적으로 가시를 세우곤 했는데, 이로 인해 오히려 주변 사람들에게 상처를 주기도 했다. 워낙 촘촘하게 내 자신을 방어하려고 해서 사실 주변의 도움을 받아들일 마음의 여유도 없었다. 어쩌면 하나님을 믿는다고 하면서도, 하나님을 향해 마음을 웅크려 가시를 세우고 있었는지도 모른다.

훈련받은 반려 고슴도치들은 주인 앞에서 뾰족한 가시를

내리는데 그제서야 주인은 가시에 찔리지 않고 고슴도치를 손 안에 품을 수 있다고 한다. 하나님은 수많은 훈련들을 통해 나를 단련시키셨고, 그제서야 나는 주님 앞에서 가시들을 내리기 시작했다. 다양한 인간관계 속에서 깨어짐을 경험하면서 사람이 아닌 오로지 주님만을 믿고 바라봐야 함을 배웠다. 주님은 뽀족하게 세운 나의 가시로 인해 온 손이 상처투성이가 되면서까지 나를 변화시키셨다.

난 사모가 되고 싶던 적도 없고, 사모가 되게 해 달라고 기도한 적도 없었다. 그렇다고 해서 사모가 되기 싫었던 것도 아니었다. 사실 사모라는 자리에 대해서 진지하게 생각해 본 자체가 없었다. 사회적으로 인정받고 경제적으로 풍요로운 삶을 꿈꿨었는데, 어쩌다 보니 사랑하는 사람을 만나 꿈꾸던 삶과는 정반대의 길을 걷게 되었다. 가시를 세우며 방어하는 고슴도치와 같던 나를 하나님은 사람들을 품어야 하는 사모의 자리로 인도하셨다.

나의 상처와 연약함을 사용하셔서 사모라는 역할을 감당하게 하시고, 나를 다듬어 가시는 주님의 방식은 참 신기하고 경이롭기까지 하다. 여전히 나는 고슴도치 같지만, 이러한 연약함에도 사모로서 나를 선하게 쓰실 하나님과 그분 안에서의 내 삶이 기대된다.

사모도 용서가 어려워요

모든 예비 신랑신부들이 그렇듯 나도 가족들에게 가장 축복받는 결혼을 바라고 꿈꿨었다. 그러나 그렇게 축복해 주길 바랬던 친정 식구들은 끝까지 내 결혼을 반대했다. 간절한 마음으로 열심히 부모님을 설득했지만, 결국은 한국으로 떠나는 날까지도 허락을 받아 내지 못했다. 어린 시절 "엄마가 반대하는 결혼은 절대 하지 않을 것"이라고 이야기하던 소녀는 결국 부모가 반대하는 결혼을 하기 위해 15년 만에 남편 하나만 믿고 홀로 한국으로 돌아왔다. 예상한 대로 친정 식구 중 그 누구도 결혼식에 얼굴을 비추지 않았다. 결국 나는 남편의 손을 잡고 버진 로드(virgin road)를 걸어야 했다. 제3자는 꼭 그렇게까지 결혼을 했어야 했냐고 할 수도 있겠지만, 과거로 돌아간다고 하더라도 나는 같은 선택을 했을 것이다.

꽤나 복잡한 가정사를 가지고 자란 나는 말로 다 표현할 수 없는 수많은 감정들을 마음속에 쌓아 놓고 살았다. 냉장고 안에서 잊혀진 채로 결국 상해 버린 음식처럼 내 생각과 감정들은 캐묵은 상태로 마음속 깊이 저장되어 있었다. 그렇게 묵혀 두고 썩혀 두었던 것들이 결혼이라는 계기로 '펑'하고 표출되었다. 부모님은 지금껏 자신들의 계획대로 잘 따라와주던 딸의 격렬한 반항에 적잖이 놀라셨던 것 같다. 그럼에도 불구하고 나는 하루 빨리 부모님으로부터 정서적으로 독립하고 내 삶을 나의 의지대로 살아가고 싶었다.

아무리 마음의 골이 깊어질 대로 깊어진 사이라고 해도, 나를 낳아 주시고 키워 주신 분들의 축복 없이 결혼이라는 인생의 중대사를 시작한다는 것에는 역시 가슴 찢어질 듯한 고통이 뒤따랐다. 한동안 가족의 축복을 받으며 마지막 행진을 하는 지인들의 결혼식을 볼 때면 나도 모르게 내 자신이 참 가엾다는 생각이 들곤 했다. 동시에 '난 예수님을 믿는 사람인데, 심지어 사모인데 이렇게까지 가족을 용서하지 못하고 배척해도 되나?' 하는 고민에 사로잡히기도 했다.

남편이 전임 사역을 시작하면서 집에서 나 혼자 시간을 보내는 날들이 많아졌다. 하루종일 핸드폰만 붙잡고 멍하니 시간을 보내기도 했고 그러다 보면 곧 우울해지기 시작했다. 아무 이유없이 눈물이 흘렀고 울고 나면 개운해지기는커녕 더 우울해졌다. 이런 모습을 지켜보던 남편은 내게 정신과 상담을 권유했다. 처음에는 '나는 그리스도인이고, 사모인데 정신과 상

24
사모들의 속마음

담을 받아도 되는건가?'라는 구태의연한 질문을 스스로에게 던지기도 했다. 그러다 결국은 집 근처 가장 가까운 정신과 의원을 찾아갔고, 마침 담당 의사 선생님은 미국에서 오랜 시간을 살아서 한인 사회에 대해 잘 알고 있는 그리스도인이셨다. 선생님은 상담 내내 그리스도인이 아니라면 이해할 수 없는 부분들, 이민의 경험이 없다면 공감할 수 없을 점들을 일일이 설명하지 않아도 바로바로 이해하셨다. 나는 부담 없이 어린 시절 이야기부터 부모님과의 관계까지 다 털어놓을 수 있었다. 선생님은 내게 잘 찾아왔다고 다독여 주셨다. 사모도 사모이기 전에 한 명의 사람이니 마음이 먼저 치유되어야 용서가 쉬워질 것이라고 위로해 주셨다. 이날 하나님의 인도하심을 경험했다.

사실 아직도 나는 가족을 용서하기가 어렵다. 내가 직접 두 아이의 엄마가 되어 보니 더 그렇다. 매년 어버이주일이 되면 설교 말씀은 매우 부담스럽게 다가오고 공감하기가 힘들다. 그렇다. 난 사모임에도 불구하고 용서가 너무 어렵다. 그러나 내 마음은 치유의 과정 속에 있다. 용서하지 못하는 나의 연약한 모습을 먼저 받아들이고 사랑하는 방법을 배워 가는 중이다. 상처받은 나의 마음이 치유되고 미웠던 사람들을 사랑하게 되는 순간이 온다면 내 마음은 더 많은 사람들을 품을 정도로 커져 있을까? 나는 사모라는 이름표를 달고 한 명의 그리스도인으로서 사랑과 용서를 배워 가며 살아가는 중이다.

정체성의 혼란

나는 칠레라는 낯선 환경 속에서 이민 1.5세로 성장했다. 처음 3년간은 국제 학교에 다니며 주로 미국 친구들을 사귀었는데, 후에 현지 학교로 전학을 가면서 칠레 친구들을 사귀었다. 동시에 한글 학교도 다니고 한인 교회도 출석하며, 다른 이민 1.5세 또는 2세 아이들과도 친하게 지냈다. 또 한국에서 온 지 얼마 안 된 주재원 자녀들과도 두루두루 친하게 지냈다. 아마 내 속을 잘 모르는 사람이 당시의 나를 봤다면, 별 무리 없이 친구들과 잘 어울리는 소탈한 성격의 학생으로 보지 않았을까? 그러나 내 속사람 안에는 어려움이 쌓여 가고 있었다.

한창 사춘기 시절을 보내고 있던 나는 어딘가에 소속되고자 하는 욕구가 강했다. 서양인들이 주류인 나라에서 생김새가 달랐던 나는 어디를 가나 눈에 띄었고, 그로 인한 스트레스가 상당했다. '너네 나라로 돌아가!'라며 대놓고 인종차별을 당하기도 했고, 은근히 무시하거나 눈치를 주는 이른 바 '조용한 인종차별'도 예삿일이었다. 어린 소녀였던 나는 누구를 만나든 무리에 속하고 싶어서 매번 다른 가면을 쓰기 시작했다. 이제 와서 돌이켜 보면 그때 내가 느꼈던 문제들은 결국 '내가 어디에 속해 있는지, 나라는 존재가 어떤 사람인지'에 대한 정체성이 반듯하게 세워지지 않음으로 인해 비롯된 문제였던 것 같다. 만약 지금 아는 것을 가지고 그 시절로 돌아간다면, 주어진 상황에 따라 다르게 처신하고, 마음의 고통 또한 덜 수 있었을까? 그때의 내가 참 많이 불쌍하고 안쓰럽다.

지금 나는 30대가 되었고, 나와 같은 한국인이 주류인 나의 나라, 한국에서 살고 있다. 그러나 해결되지 못한 내면의 문제가 아직까지도 내면에 남아 있음을 마주할 때가 있다. 교회 밖에서의 나의 모습, 그리고 교회 안에서 사모로서 사람들 앞에 보이는 모습에 대해 고민하며 그 누구도 드러나게 강요하지는 않지만 나 혼자 느끼는 무언의 압박이 있었다. 활발한 성격의 소유자이지만 교회에서는 항상 보일듯 말듯 은은하게 웃는 얼굴로 짧은 인사만 나누게 되었고, 교회 안에서 내 또래의 아기 엄마들과 친해지고 싶지만 '사모'라는 내 직분이 성도들에게 부담이 되지 않을까 하는 염려 때문에 쉽게 다가서지 못했다.

나는 여전히 어디에 있고 누구와 함께하느냐에 따라 쉽게 흔들린다. 아직도 나는 나의 정체성을 반듯하게 세워 가는 데 어려움을 겪고 있는 것은 아닐까? 사모라는 직분 내지는 자리

소냐도라(soñadora), 꿈꾸는 사모 _ 강소라

가 정확히 어떤 의미인지, 사모로서 주어지는 다양한 상황을 마주할 때 어떻게 받아들이고 처신해야 하는지, 이 모든 것은 '사모'로서의 정체성과 연결된 문제일 것이다. 그런데 바로 그것이 나도 모르는 사이 가면을 썼다 벗고, 스위치를 켰다 끄게 하는 것만 같다.

그럴 때마다 나의 진짜 정체성이 무엇인지를 스스로에게 세뇌시킨다. "그래, 나의 진짜 정체성은 바로 '하나님의 딸'이지!" 나는 사모이기 전에, 부모님의 딸이기 전에, 남편의 아내이기 전에, 아이들의 엄마이기 전에, 이 세상에 하나님의 딸로서 존재한다. 언제부터인가 살다 보면 쉽게 잊어버리고 마는 중요한 이 사실을 매번 잊지 않으려고 노력하고 또 노력한다. 남편이 목사이기 때문에 나는 사모라고 불리지만, 그보다 먼저 나는 한 명의 하나님 자녀일 뿐이다. 내가 하나님의 딸로서 부끄럽지 않은 인생을 살다 보면, 사모라는 가면을 쓰지 않고도 사모로서 행복한 삶을 살아낼 수 있지 않을까? 오늘도 나는 사모라는 정체성을 어렵지만 한 걸음 조금씩 채워 가고 있다.

안녕하세요, 사장… 집사님!

우리 부부는 신혼 초 3개월간 남편이 파트 타임 부목사로 사역했던 스페인에서 보냈다. 두 사람이 생활하기에 남편의 파트 타임 사례비는 턱없이 부족했다. 수개월 동안 에어비엔비와 쉐어하우스를 오가며 나름 가성비 좋은 월세집을 얻었지만, 월세를 내고 나면 우리 손에는 30유로(한화로 대략 43,000원)밖에 남지 않았다. 감사하게도 이런 우리의 상황을 알고 있던 집사님 한 분이 나에게 본인이 운영하는 회사에서 일할 것을 제안해 주셨고, 나의 월급은 우리 생활에 큰 보탬이 되었다. 그렇게 나는 3개월 동안 남편이 사역하는 교회 집사님의 회사에서 일하게 되었다.

회사는 한국 여행사들과 협업하는 현지 여행사였고, 내게 주어진 업무는 현지 호텔 및 식당들과 소통하고 일정을 재차 확인하는 기본적인 것들이었다. 같이 일하는 회사 직원들의 1/3은 같은 교회 집사님들이셨고, 나보다 두 살 어린 청년도 있었다. 그리고 나는 그곳에서 두 번째로 어린 직원이었다. 3개월 동안의 회사생활은 조심스러웠지만 즐거웠다. 집사님들과도 많이 친해졌고 업무도 할 만했으며 나름의 성취감도 느꼈다. 그러나 한 달 정도 시간이 지나니 불편한 부분들이 생기기시작했다. 공과 사가 구분되지 않는 일들이 발생하기 시작했는데, 특히 회사와 교회의 영역이 애매하게 뒤섞여 있는 상황들이 일어나곤 했다. 나는 내 모니터에 "What would Jesus do?"라는 문구를 쓴 포스트잇을 붙여 놓고 매일, 그리고 매 순간마다고민했다. 회사의 직원으로서 내린 결정에 '사모가 왜 그런 결정을 해?'라는 피드백이 있었다는 이야기를 전해 듣기도 하고,반대로 교회 사모로서 행동했을 때는 회사와 교회를 구분하지못했다는 자책하는 마음이 들어 참 힘들었다. 정말 애매한 위치에 있었던 것이다.

생활비가 부족했던 우리에게 집사님의 제안은 사막에서 오아시스를 찾은 것 같이 달게 느껴졌고 우리는 이를 감사함으로받아들였지만, 시간이 흐를수록 이곳에서 벗어나고 싶었다. 월요일부터 토요일까지는 사장과 직원, 또는 직원 대 직원의 관계였다가, 갑자기 주일이면 사모와 성도의 관계로 마주치니 어색하고 불편하기 짝이 없었다. 당시에 마음을 나누고 지냈던집사님들, 주일학교 선생님들과는 나름 친한 사이를 유지할 수있었지만, 당연하게도 사장님과는 그러기가 매우 어려웠다.

사모들의 속마음

우리 부부가 머리로만 알고 있던 '같은 교회에서 신앙생활 중인 성도와 경제적으로 갑과 을의 관계를 만들면 안된다'라는 사실을, 그 기회를 통해 몸소 체험해 볼 수 있었다. 사장 집사님과 마주치면 자꾸만 피하게 되고 엮이고 싶지 않은 관계가 되어 갔다. 이것은 목회자에게 전혀 득이 되지 않을뿐더러 바람직하지도 않은 모습이었다. 성도들과 행복한 관계를 형성하기에도 시간이 부족한데 서로를 기피하는 관계가 되어 버렸기 때문이다. 앞으로 우리 가정에 비슷한 상황이 생긴다면 현실적으로 조금 힘들다고 하더라도 다른 선택을 하지 않을까? 경제적으로 조금 어려워도 성도와의 관계, 그리고 우리의 마음은 지킬 수 있을 테니 말이다.

토요일의 마음 내조

보통 성도들이 영적 전쟁이라는 말을 들으면 마귀와 예수님이 서로 머리를 맞대고 노려보는 그림을 연상하지 않을까? 나에게 영적 전쟁은 나의 옛사람과 새사람이 피터지게 싸우는 것이다. 죄의 노예로 살던 옛사람의 본성과 하나님을 만나고 새롭게 변한 새사람의 모습이 초 단위로 싸우는 전쟁 말이다. 이런 영적 전쟁은 결혼 생활에서 매 순간마다 일어난다.

서로 자라 온 환경이 다른 두 사람이 만나 매일같이 살을 맞대며 살아가는데 영적 적쟁이 없을 리가 없다. 결혼 후 같이 살다 보니 우리 부부가 다투게 되는 패턴이 제법 파악되기 시작했다. 우리가 싸우거나 감정이 틀어지는 날들을 들여다보니 유독 토요일이 많았다. 게다가 아이가 생기고 나서부터는 싸움이 더 잦아졌다. 분석해 보니 나는 혼자 아이를 보느라 스트레스를 받고 있었고, 남편은 주일을 준비하며 신경이 곤두서 있어서 한 번 감정이 부딪히면 쉽게 풀어지지 않았다.

그러던 어느 날 이런 상황으로 인해 주일 사역을 준비하는 남편이 얼마나 가시방석에 앉아 있는 듯한 기분일지 생각해 보게 되었다. 안 그래도 주일 사역을 준비하느라 힘들고 지칠 텐데 집에서도 아내랑 신경전 중이니 말이다. 이후로 나는 가능한 선에서 토요일마다 아이를 데리고 외출을 하기 시작했다. 집에 있게 되어도 정말 필요할 때를 제외하고는 남편에게 연락하는 것을 자제했다. 이렇게 남편을 내조하는 나만의 방식을 찾았다. 나도 다른 사모님들처럼 요리나 살림을 잘했으면 좋겠지만 안타깝게도 나에게는 그런 능력이 한없이 부족하다. 그래서 나만의 내조 방식을 찾았다. 이른바 '토요일의 마음 내조'다. 최근에는 매일의 작은 내조들이 쌓여야 '토요일의 마음 내조'가 가능함을 깨달았다. 원하는 금액을 달성하려면 매일 조금씩 저금을 해야 하는 것처럼 말이다. 성령의 열매가 매일 조금씩이라도 내 마음에 쌓여야 토요일에 빛을 발하지 않을까?

우리 아들의 이름은 '온유'다. 내가 제안해서 지은 이름인데 이유는 내게 가장 부족한 점이 '온유함'이기 때문이다. 나는 쉽게 억울해하고, 빠르게 슬퍼하며, 다른 사람의 잘못을 잘 품어 주지 못한다. 남편도 사람인지라 당연히 잘못할 때가 있다. 그럴 때마다 나는 그의 잘못들을 세세히 기억해서 나열하기 바빴다. 그럴 때면 남편은 방어적으로 반응했고 우리의 감정 싸움은 더 커져만 갔다. 그래서 난 내게 '온유함'을 부어 달라고

33

기도했다. 남편의 잘못에만 초점을 두지 않고 내가 느꼈던 감정에 대해 설명하기 시작했다. 그리고 괜한 자존심을 부리지 않기 위해 노력하고 남편이 자기 감정을 소화시킬 때까지 기다렸다. 그렇게 하다 보니 어느 날 방어적이었던 남편이 내게 위로의 말을 먼저 건네고 있었다. 이러한 경험들이 쌓이고 적립되어 '토요일의 마음 내조'가 한결 쉬워졌다.

'토요일의 마음 내조'는 나의 힘으로 이뤄 낸 것이 아니라, 사람의 마음을 감동시키고 위로해 주시는 하나님이 허락해 주셨기에 가능했음을 고백한다. 그리고 이런 나의 내조에 힘입어 남편이 사랑 가득한 따뜻한 마음으로 주일 사역을 매주 해낼 수 있길 소망한다.

사모라서 하지 않은 말

난 원래 성격상 싫은 소리를 잘하지 못한다. 그래서 '좋게 좋게 넘어가자'라고 생각하며 지나쳤다가 나중에 '아, 말할걸 그랬나' 싶었던 순간들도 꽤나 있었다. 그중에서도 가장 기억에 남는 일들이 있다.

첫째 온유를 임신했을 때 정부지원금을 사용해서 산후도우미를 예약했다. 당시에 나는 환경 보호에 관심이 많아서 천 기저귀를 사용할 계획이었다. 하지만 천 기저귀를 사용하면 할일이 늘어나기 때문에 여러 업체에서 예약을 거절 당했다. 그러다가 한 업체에서 긍정적으로 봐주었고 그에 맞는 도우미 분을 보내 주겠다고 약속했었다. 아이를 낳은 후 산후도우미 분이 오셨는데, 웬걸? 업체 실장님과의 약속과는 많이 다른 분이 오신 것이 아닌가! '아기 엉덩이에 생긴 발진이 천 기저귀를 고집하는 내 잘못'이라고 하는가 하면 '요즘 일회용 기저귀도 저렴하게 잘 나오는데 살 돈이 없냐'는 등의 언짢은 발언을 스스럼없이 하셨다. 2주라는 기간 동안 몇 번이나 화를 내고 따지

35

고 싶었지만, 이미 그분은 우리가 목회자 가정임을 알고 있었기 때문에 화를 낼 수가 없었다.

몇 년 후, 우리는 새로운 사역지로 옮기게 되었고 교회 바로 옆에 있는 사택으로 이사를 했다. 이사가 막바지에 이르렀을 때쯤 이삿짐 센터 직원 한 명이 남편에게 다가와서 '목사님이신가 보네요? 저희 아버지가 교회를 다니시는데 절 전도하시려고 그렇게 노력하시더라구요, 허허"라고 말했다. 그러고 몇 분 뒤, 손잡이가 부러진 좌식 의자와 검정색 스크래치가 난 하얀 장롱을 우리에게 보여 주었다. 보자마자 따질 준비를 하고 있는데 남편이 먼저 나서서 괜찮다고 말했다. 이번에도 참아야만 했다.

첫째 온유는 최근에 연장반을 운영하는 어린이집을 다니기 시작했다. 어린이집 입소 서류에는 부모의 인적 사항들을 기입해야 하는데, 그런 이유로 우리가 목회자 가정임을 숨길 수가 없었다. 한번은 인터넷 사이트에서도 연장반 신청을 해야 함을 안내받은 적이 없었는데, 연장반을 이용한 지 15일 정도 지났을 때쯤 원장님의 연락을 받고 뒤늦게 인터넷으로 신청을 했다. 정부지원금을 100% 받고 보낼 수 있는 혜택이었는데, 신청이 늦은 바람에 우리는 개인 부담금 4만 원을 더 내야만 했다. 첫날에 안내를 제대로 해 줬어야 하는 것 아닌가? 많이 억울했고 따지고 싶었지만 이번에도 참기로 했다.

'사모라면 매번 참아야 하나?' 속으로 그렇게 생각할 때가 한두 번이 아니었다. 물론 매번 참기만 하라는 법은 없을 것이다. 나는 무조건 참는다기보다는 말을 아낌으로써 일을 크게 만들고 싶지 않은 마음이 더 크다. 정말 필요한 상황이라면 그에 맞는 말을 해야 하겠지만, 따지나 마나 서로의 감정만 상하고 해결책이 딱히 보이지 않을 것 같을 때는 침묵을 선택한다.

어쩌면 사모라는 자리를 내가 인식했기 때문에 그것이 내 속의 화나 억울함을 표출하지 못하도록 강제한다는 의미가 있었을지도 모른다. 아마 그 부분이 더 크지 않았을까? 그렇지만 사모이기 때문이 아니라 그리스도인이기 때문에, 나의 성품의 성화로 인해 그 참음이 기쁨이 되길 소망한다(아직은 연약해서 참음이 기쁨이 아닐 때가 많다는 의미이다). 실제로 지난날의 경험에 비추어 보면, 대부분 욱한 감정을 참아냈을 때 나중에 후회도 없고 잠들기 전 '이불킥'을 하게 되는 상황도 발생하지 않았다.

앞으로도 나의 분함과 억울함을 아시는 주님이 내 마음을 성화시키시고 다스려 주시길, 그래서 기쁨으로 참고, 감정을 절제함으로 하나님의 선하신 성품을 드러낼 수 있길 소망한다.

기도 제목도 못 나누는 사모

"언니가 힘든 게 눈에 뻔히 보이는데 왜 기도 제목을 나누지 않아?
도대체 왜 혼자 힘들어 하는 거야?"

언젠가 친한 동생이 내게 했던 말이다. 이전에는 단 한 번도
생각해 보지 못했던 부분이라 적잖이 신선한 충격을 받았다.
나는 다른 사람들의 기도 제목은 잘 물어보고 들어줬지만 정작
내 기도 제목은 나누지 않았다. 아니, 못했다.

앞서 언급한 것처럼, 만 11세부터 한인 사회를 경험한 나는
조금 지나칠 만큼 남의 눈치를 많이 보는 성인으로 자랐다. 내
가 속해 있던 한인 사회는 특히나 규모가 작기 때문에 사람들
의 행동과 말 하나 하나가 빠른 속도로 커뮤니티에 퍼졌다. 새
로운 사람을 만나면 '이 사람은 어디 교회를 다니며, 누구의 사
촌이며, 누구와 사귀었고, 누구와 사이가 좋지 않다'와 같은 부
연 설명이 항상 뒤따라왔다.

이런 배경 속에서 마치 나는 궁예처럼 사람들의 눈빛이나

대화의 분위기만 봐도 대략적인 상황을 파악하는 능력을 키우게 된 반면, 마음의 문을 꼭꼭 걸어 잠그기 시작했다. 가벼운 감정이나 생각들은 거침없이 표현하곤 했지만, 가정사나 마음속 깊이 묻어 둔 우울감과 같은 감정은 타인에게 결코 내비치지 않았다. 입 밖으로 깨내는 순간 어떤 말들이 덧붙여져서 눈덩이처럼 불어날지 몰랐기 때문이다. 이것들을 깨우치기 전 어쩌다 마음속 이야기를 조금 꺼냈다가 후에 엄청나게 불어난 눈덩이를 마주했을 때 감당할 수 없어 깔려 죽을 것만 같았던 경험을 한 적도 있었다. 애써 괜찮아 보이려고 과하게 행동했던 시절도 있었다. 활발한 척하며 살았지만 난 상당히 예민한 사람이었다. 사람들이 실수로 내 약점을 건드릴 때면, 내면의 나를 보여 주고 싶지 않아서 일부러 과하게 반응하기도 했다. 그 시절 강렬한 팩폭으로 나의 광란의 관종 짓을 멈추게끔 도와준 청년부 언니에게는 지금도 참 고맙다.

"이 나라에서 한국인으로 산다는 건 연예인이 된 것과 같아"라는 말을 입에 달고 살았다. 그리고 나는 이곳을 떠나서 자유롭고 싶었다.

사모가 된 후, 한동안은 매우 외로웠다. 교회에 가서 예배를 드려도 공동체에 속해 있다는 소속감을 느끼지 못하고 나만 동떨어져 있는 듯한 기분이었다. 그러다 점점 마음이 맞는 사모

소냐도라(soñadora), 꿈꾸는 사모 _ 강소라

님들을 알게 되었고, 교제를 통해 안전한 울타리 안에서 치유받게 되었다. 그렇게 나는 조금씩 기도 제목을 나누는 연습을 하기 시작했다. 나처럼 사모라는 정체성을 가지고 살아가는 분들에게 마음의 이야기를 하나씩 꺼내어 공유하면서 기도를 부탁했다. 같은 입장에서 공감할 수 있는 부분들이 많았기 때문에, 딱히 이렇다 저렇다 할 부연 설명을 많이 하지 않아도 서로의 상황을 이해해 주고 위로받을 수 있었다. 아픔을 공유하며 함께 서로를 위해 기도하는 사모 공동체를 만난 것이 내게는 정말 큰 하나님의 은혜이고 행복이다.

교회에서는 I가 되는 슈퍼 E 사모

〈MBTI〉라는 '자기보고형 성격유형 검사'에 따르면 나는 ENFJ이다. 외향적이고 직관적이며 감정적이고 판단적인 사람이라고 한다. 그중에서 외향적인 성향(E)는 80%에 가깝다. 실제로 나는 사람 만나는 것을 무척이나 좋아하고 새로운 곳에 간다고 해도 낯을 가리지 않는다. 온라인으로 만난 아기 엄마들과 실제로 만나서 교제할 정도로 사람을 많이 좋아한다. 그런 내가 내향적인 I 성향으로 바뀌는 유일한 장소가 하나 있는데, 바로 교회다.

COVID-19가 시작되었을 때, 마침 남편은 새로운 교회에서 전임 사역을 시작했다. 교회에 첫 인사를 드린 지 얼마 지나지도 않았을 때 현장 예배가 금지되었고, 모두가 온라인으로 예배를 드리게 되면서 나도 집에서 예배를 드렸다. 몇 개월이 지난 후 교회는 정부의 사회적 거리 두기 지침에 따라 현장 예배를 재개했는데, 교회 입구에서 체온부터 재고 서명을 한 후에야 입장을 할 수 있었다. 하루는 여느 때와 같이 교회 입구에서 체온을 재고 내 이름 석 자를 쓰고 있는데 안내하시는 집사님이 "어머~ 얼굴 예쁜 청년이 이름도 참 예쁘네!"라고 하셨다. 순간 내 귀를 의심했다. 그런데 그 자리에서 나는 청년이 아니고 정 목사의 아내라고 말씀드리기에는 뭔가 어색한 분위기가 형성될 것만 같았고, 내 뒤에는 다른 성도님도 서 있었다. 사모임을 밝히면 집사님이 민망하실 것 같기도 했다. 마침 마스크를 쓰고 있기도 했고 어색한 눈웃음을 지으며 집사님에게 괜찮다는 메세지를 전달해 드리려고 노력했다. 그리고는 황급히 교회 안으로 들어갔다. 서둘러 계단을 오르고 있는데 뒤에서 집사님이 다급하게 뛰어오더니 내 팔을 잡고 거듭 사과를 하셨다. 나는 "충분히 일어날 수 있는 일"이라고 말씀드리며 사과하지 않으셔도 괜찮다고 말했다. 그리고 속으로는 '제발, 저를 좀 놓아주세요…'라고 간절히 외쳤다. 평소 내 성격대로라면 아무렇지도 않게 웃어넘기며 너스레를 떨었을 텐데, '이 순간', '이 공간'에서만큼은 나에게 이목이 집중되는 것이 부담스럽고 빨리 빠져나가고만 싶었다. 마스크 덕분에 보이지는 않았겠지만, 내 얼굴은 토마토처럼 빨갛게 타올랐고, 두 귀에 심장이 쿵쿵대는 소리가 들릴 만큼이나 떨렸다.

청년 시절부터 나는 관심이나 사랑받기 좋아하는 슈퍼 E 성향이었다. 그런데 결혼을 하면서 사모가 된 후로 교회 안에서 만큼은 I 성향이 되었다. '그 이유가 무엇일까?' 하고 생각해 보니, '나의 어떤 실수로 인해 남편의 사역에 방해가 되진 않을까' 하는 두려움 때문이었던 것 같다. 사모라는 자리는 온 교인들의 집중을 받으면서도 남편의 그림자에 머물러야 하는 모순적인 자리이다. 긍정적인 이유이던 부정적인 이유이던, 교인들의 대화 속에 내 이름이 언급되고 싶지 않은 마음이랄까? 청년이었다면 여러 부서를 행복하게 섬기며 나를 향해 쏟아지는 스포트라이트를 나름 즐겼을 텐데, 이제는 모든 종류의 관심이 부담스럽게 느껴질 때가 많다.

두 아이의 엄마가 된 이후로는 육아로 인해 교회 봉사가 어렵지만, 아이들이 커 가면서 나도 내게 주어지는 관심을 긍정적으로 받아들이고 유연하게 반응하는 사모가 되고 싶다. 행복하게 교회와 성도를 섬기며 내게 부어 주시는 사랑과 관심을 넓은 마음으로 받고 싶다. 앞으로는 교회 밖에서도, 교회 안에서도 한결같은 슈퍼 E 사모가 되고 싶다.

La Pastora

목사의 아내를 한국어로는 '사모', 영어로는 'pastor's wife'라고 한다. 스페인어로 목사는 'el pastor', 그리고 목사의 아내는 여성형 명사인 'la pastora' 라고 불린다. 개인적인 견해이지만, 한국어와 영어는 왠지 아내가 남편에 소속되어 있다는 느낌을 준다. 그러나 스페인어는 정체성만 부여할 뿐 다른 인격체로 보는 느낌이다. 이러한 차이점은 내가 직접 경험했던 사모님들의 이미지와도 일치한다. 15년이라는 외국 생활 동안 감사하게도 현지 교회의 사모님들도 여러 명 만나 봤다. 그리고 그들에게서 색다른 자유로움을 느꼈다. 남편 목사님들의 사역에서 크게 벗어나지 않으면서도 본인의 달란트를 사용하여 사역해 나가는 자유로움. 이것이 내가 목회자의 아내, 곧 사모라는 타이틀을 무겁게만 느끼지 않았던 이유들 중 하나 아닐까?

나는 청년 시절 찬양팀과 유치부를 섬겼는데, 특히 유치부 교사로 아이들과 함께 찬양하고 예배하는 시간이 정말 행복했다. 그리고 '사모가 되더라도 이러한 사역들을 꾸준히 할 수 있을 것'이라고 생각했는데, 현실은 많이 달랐다. '어느 교회를 섬기느냐?'에 따라 많이 다르긴 하지만, 사모가 나서서 섬기는 것은 성도들의 섬김의 기회를 빼앗는 것이라는 이야기를 들은 적도 있고, 심지어 사모는 주방일만 도와야 한다는 이야기를 들은 적도 있다. 어느 정도 예상은 했지만 막상 직접 듣고 나니 서운하기도 하고 속이 상하기도 했다. 이런 분위기가 만연한 공동체에서 사모들이 가진 달란트를 마음껏 펼치기란 매우 어렵지 않을까.

나는 나에게도 주어진 달란트가 분명히 있다고 믿는다. 그리고 이 달란트가 다른 성도들의 섬김을 가리지 않고 함께 잘 어우러져 교회가 빛을 발하게 할 것이라고 생각한다. 단지 사모이기 때문에 봉사를 강요받는 것도 힘든 일이지만, 기도하며 생긴 섬김의 마음을 거절당하는 것도 참 슬픈 일이다. 남미에서 만났던 사모님들처럼 나도 남편의 사역에 방해가 되지 않는 선에서 자유롭게 주어진 달란트를 사용할 수 있기를 소망한다. 나에게 주어진 달란트로 하나님과 이웃을 사랑하다가 훗날 주님과 얼굴을 마주할 때 "잘하였도다 착하고 충성된 종아"라는 칭찬을 들을 수 있다면, 그 얼마나 행복할까.

젊꼰 (젊은 꼰대) 사모

사람들은 꼰대를 싫어한다. 꼰대란 원래 기성 세대를 뜻하는 은어인데, 점차 적용 범위가 확장되면서 권위주의적인 사고방식을 가진 사람들을 칭하는 단어가 되었다. 직장인들은 '라떼는 말이야~'(내가 일하던 시절엔 말이야)를 시전하는 직장 내 꼰대 상사들을 '극혐'이라 표현할 정도로 싫어하고, 아기 엄마들은 한여름에 태열이 오른 아기를 보며 "에휴~ 아기 추워! 양말 신겨야지!"를 시전하는 우연히 지나다 만난 할머니 꼰대를 싫어한다. 그런데 요즘에는 '젊꼰', 즉 '젊은 꼰대'라는 단어도 사용한다. 나이가 어림에도 불구하고 자신의 경험을 앞세워 자신만의 생각을 다른 사람에게 강요하는 젊은이들을 나타내는 말이다. 나도 꼰대들을 싫어하지만, 내가 '젊꼰'이라는 것을 얼마 전에야 깨달았다.

사모가 된 후, 나는 주로 남편의 교회 사역을 뒤에서 바라보는 위치에 있었고, 그 자리에서 지켜보니 다소 부족한 부분들이 더 잘 보였다. 그러다 보니, 의도했던 것은 아니지만 사역 현장의 분위기를 감시하게 되었다. 유치부 예배 시간에 아이들이 떠들고 돌아다니면 못마땅하게 생각했고, 그들을 중재하지 않는 부모들과 선생님들을 이해할 수가 없었다. 예배 시간에 지녀야 할 기본적인 태도를 가르치지 않고 방치한다고 생각했다. 그리고 그들로 인해 예배가 방해되는 것을 용납할 수 없는, 그야말로 '꼰대 of 꼰대'인 젊은 사모가 바로 나였다. 나는 짧은 시간에 교인들을 정죄하고 있었고, 그들을 교만한 자세로 바라보고 있었다. 바리새인처럼 나는 거룩하다고 착각하고 다른 사람들의 허물은 기가 막히게 찾아서 손가락질해 댔다. 고백하기 부끄럽지만, 내가 목사의 아내이기 때문에 다른 사람들보다 우월한 위치에 있다고 단단히 오해한 부분도 있었다. 나는 아무런 잘못도 하지 않은 어린아이들을 정죄의 눈으로 바라봤다. 그냥 아이라서, 아이이기 때문에 집중하지 못하고 뛰어다닌 것뿐인데….

어느 날 남편에게 이런 이야기를 하며 '어떻게 예배를 그렇게 드릴 수 있죠?!'라고 했을 때 남편은 내게 이렇게 대답했다.

"아이들이니까요. 그리고 우리 아이들도 몇 년 후에 그러지 않을 거라고 보장할 수 없죠."

순간 '아차' 싶었다. 그렇지! 과연 우리 아이들이 예배 시간에 똑같은 행동을 할 때 나는 같은 잣대로 바라볼 수 있을까?

남편과 대화를 나누고 몇 주 후, 결국 사건이 하나 터지고 말았다. 유치부 예배에 참석하는 아이들 중 한 명의 어머니가 예배 가운데 상처를 받았다는 걸 알게 되었다. 남편은 남편대로 속상했고 나도 마음이 매우 불편했다. 내가 잘못한 것 같았기 때문이다. 따로 아이를 혼내지는 않았지만 '혹시나 그 아이를 날카롭게 바라보던 나의 눈빛이 전해지진 않았을까?', '그런 내 눈빛을 우연히 보고 그 어머니가 상처를 받은 건 아닐까?' 하는 이런저런 생각이 많아졌고, 내 자신이 상당히 부끄러워졌다. 그리고 그때 나의 이기적이고 교만했던 태도를 회개하고 더 이상 젊꾼이 되지 않으리라 다짐했다.

물론 나도 내 자신에게 엄격할 때가 있다. 하지만 차이가 있다면 남들에게 적용하는 기준보다 낮다는 점이다. 사모가 되고 나서 꽤 긴 시간이 흘렀는데도, 최근에야 이 문제를 깨달았다. 앞으로 하나님이 우리에게 맡기신 어린양들을 정죄하지 않고, 그들에게 내 생각을 강요하지 않겠다고 다짐하고 또 다짐한다. 그럴 시간에 오히려 그들을 위해 더 기도하는 너그러운 마음을 가진 사모가 되고 싶다.

세상에 하나뿐인 사모

박세윤

스물네 살에 사모가 되어 9년 차 사모,
지난 8년 동안 전임 사역자였던 남편과 함께 교회를 섬겨 왔다.
울고 웃고 하던 날들의 연속이었지만,
그래도 '사모'여서 행복했다.
현재 남편은 주중 기관 사역과 주말 교회 사역을 병행하고 있다.
남편과 함께라면 기관이든 교회든 어디든
주님이 원하시는 자리로 기쁘게 가고 싶은 사모이다.
앞으로 하나님께서 나의 길을
어떻게 빚어 가실지는 모르겠지만,
지금처럼 "우리 모두는 세상에 없었고, 없고, 없을
하나님께서 지으신 유일하고 아름다운 존재"라는
메시지를 전하며 살고 싶다.

온실 속에서 자란 사모

'어려움이나 고난을 겪지 아니하고 그저 곱게만 자란 사람'
을 온실 속의 화초라고 이야기한다. 그런 의미에서 나는 32년
간 온실 속에서 자란, 여전히 온실 속에 있는 사모다.

'평범한 가정에서 1남 1녀 중 장녀로 태어나…'로 시작하는
흔하디 흔한 자기소개서의 첫 줄처럼, 나는 평범하고 화목한
가정에서 자랐다. 엄마 아빠는 토요일이나 휴일만 되면 짐을
쌌다. 그 시절은 네비게이션이 대중들에게 상용화되기 전이었
기 때문에 지도를 가지고서 목적지를 찾아다니던 시절이었는
데, 그럼에도 불구하고 참 여러 지역을 누비고 다녔다. 어릴 적
에는 아빠의 트럭에 네 명이 끼어 탄 채 전국을 다녔고, 조금 커
서는 '겔로퍼'라고 하는 조금 투박한 차로 전국을 누볐다. 한창
아이스링크가 유행일 때, 우리가 살던 지역에는 그런 곳이 없
었는데, 아빠가 수소문한 끝에 부산까지 기차와 지하철을 타고
서 아이스링크에 다녀오기도 했다.

그리 넉넉한 형편은 아니었지만, 이따금씩 동네 돈가스집

이나 옛날 통닭집 등에서 외식을 하곤 했고, 그것이 우리 가족에게는 큰 기쁨이었다. 중고등학생 때는 학업으로 분주해지면서 여행을 하지 못했지만, 그럼에도 불구하고 매주 토요일 저녁이면 온 가족이 온천을 가곤 했다. 그러고는 근처에서 저녁을 먹고, 작은 노상 판매대에서 '풍선 터뜨리기'나 '총 쏘기' 같은 게임을 몇 번씩 하고 집으로 돌아오곤 했는데, 이것이 한 주의 피로를 날려 주는 우리 가족의 문화였다. 부모님은 적게 가졌든 많이 가졌든 자녀들에게 최선을 다해 주었다. 어렸을 때의 어렴풋하기도 하고 선명하기도 한 이 기억들이 지금의 나를 살아가게 하는 든든한 뿌리가 되었다.

예전에 청년부를 담당했던 목사님이 '쟤는 왜 남들과 다를까?'라는 의문을 갖고 골몰히 생각하다가, '신앙 4대째여서 그런가 보다!'라고 결론을 내렸다는 말을 들은 적이 있다. 하지만 우리 집안은 그다지 대단한 신앙을 가진 집안도 아니고, 대부분 평범한 신앙을 가지고 있을 뿐이었다. 그러다 보니 나는 나의 특별함(?)의 근원이 가정에서 받았던 정서적 안정감이라고 생각한다. 어디를 가도 '나'로 살아갈 수 있도록 가정에서 정서적인 서포트를 받으며 자란 덕분이라고 말이다.

흔히 사역자라면 산전수전 공중전을 겪어야만 큰 사역을 할 수 있다고 하는데, 나는 참 이기적이게도 '그래도 이왕이면 좀 쉽게 가면 안 되나?'라는 생각을 가지고 있는 편이다. 살면서 큰 고비도 없었고 남들은 쉽게 하지 못할 경험들을 누리고 살았던 것도 사실이다. 나의 신앙은 평범할수도 있는 일상 속에서 감사를 찾으며 성장했다. 꼭 특별한 경험을 해야만 숨 쉴 수 있음이 감사하고, 먹는 것에 감사할 수 있는 것은 아니기 때문이다.

하지만 성도들의 지난한 삶의 이야기를 들을 때는 진심으로 고생하셨다는 말을 전할 수 있고, 광야의 길을 걷고 있는 사람을 볼 때는 깊은 마음으로부터 위로해 주고, 좋은 일이 있다면 내 일인듯 기뻐하고 감사하며, 슬픈 일이 있다면 애통의 마음으로 기도해 주는 사람이 되고 싶다. 내가 그 일들을 다 겪어보지는 않았더라도, 긍휼의 마음으로 영혼을 안아 주는 사모가 되고 싶다. 그러기 위해서는 내가 먼저 하나님 앞에서 지혜를 구하고, 교만해지지 않도록 스스로를 낮추는 훈련이 계속 필요할 것이다. 내가 경험해 보지 못한 부분에 대해서는 하나님의 지혜를 구하는 것 외에는 할 수 있는 것이 없기 때문이다. 이제껏 내가 해 온 일들이라 생각한 것들에 나의 공로는 없음을 매일 인정할 수 있도록 하신 사모라는 자리를 허락하심에 감사!

내가 선택한 수퍼 셀럽

몇 해 전 미국에서 잠시 생활하면서 2박 3일 정도 LA에 갔을 때의 일이다. 그때도 여느 때와 다름 없이 주일을 지키기 위해서 토요일 저녁에는 다시 집으로 돌아오기로 계획했는데, 마침 그 주 주일에 〈아카데미 시상식〉('오스카'라고도 불림)이 있어서 LA 전체가 떠들썩할 정도였다. 그 행사가 얼마나 대단한지 어떤 사람이 지하철을 기다리는 나를 보고서 대뜸 "너 정말 럭키다. 평생 한 번 볼까 말까 한 아카데미 어워드를 보겠네?"라고 말하는 것이 아닌가? 마귀의 유혹(?)이었을까…. 무슨 이유로 그 사람이 처음 보는 나에게 그런 말을 꺼냈는지는 모르겠지만, 어쨌거나 "나는 오늘 저녁에 다시 집으로 돌아간다"라고 대답했다.

"오, 왜? 근처에 숙소를 하루만 더 잡으면, 레오나르도 디카프리오, 앤 해서웨이 등, 수퍼 셀럽들을 볼 수 있는 기회라고!"

그는 꼭 이 기회를 잡으라는듯이 나를 꼬드겼다. 그래서 "나는 교회를 가야 한다"라고 대답했는데, "오, 맨! 교회는 LA에도 널렸어!"라고 하며 '이거 아주 바보 아니야?'라고 하는 듯한 눈빛을 보내는 것이었다. 결론적으로 나는 예정대로 집으로 돌아왔고, 다음 날 교회를 가는 것을 선택했다.

누군가에게는 내 선택이 참 미련해 보일지도 모르겠다. 그 사람의 말마따나 '교회는 어디에나 있는 것이고, 그 아까운 기회를 놓치고 돌아올 필요까지는 없지 않았나? 융통성이 없군'이라고 생각할 수도 있다. 하지만 〈아카데미 어워드〉에 참석하는 세계적 셀럽들을 보는 것보다 내게 중요했던 것은 주일을 지켜야만 한다는 마음이었달까. 사실 이후 어쩌다 티비에서 〈아카데미 어워드〉가 열린다는 소식을 볼 때마다, 인간적인 마음에 '아깝다…'라는 생각이 든 적도 있기는 있었다. '그때 어워드를 직접 보고 왔더라면 몇 년에 걸쳐 자랑하고도 남았을 경험이 되었을 텐데.' 하지만 이내 하나님은 '더 중요한 걸 선택했으니 됐다'라는 마음을 주셨다.

'이건 꼭 해야 한다. 언제 다시 올 기회일지 모르니…'라고 생각하며 시작한 것들에 점점 많은 핑계를 덧붙이고 덧붙여서 우리와 하나님의 관계를 멀어지게 할 수도 있다. 그러다 보면 결국 다른 우선순위들이 하나님보다 한발 앞 서 있게 된다. 비단 사모의 하루뿐만 아니라, 세상을 살아가는 크리스천의 모든 하루가 그럴 것이다. 우리의 삶은 오늘도 내일도 무엇을 우선적으로 선택해야 하는가에 대한 연속이기 때문이다.

내가 사모가 된 것도 대단한 일이 아닌 그저 하나님의 선택들 중에 하나였던 것 같다. 그리고 그 선택을 후회한 적은 없다. 또 그 이름에 너무 큰 부담을 가진 적도 없다. 누군가는 의아할 수도 있겠지만, 나는 나 자신을 '사모는 이래야 해'라는 말 속에 가둬놓지 않기로 선택했기 때문이다. '생각한 대로 되는가, 되는 대로 생각할 것인가'는 자신의 선택에 달려 있는 문제다. '나는 왜 사모가 되었을까? 하나님, 왜 저를 선택하셨나요?'라는 고민은 해 본 적도 없지만, 그런 고민이 든다면 스스로에게 물을 것 같다.

"사모가 뭔데? 니가 뭐라도 돼?"

오해가 있을 것 같아 덧붙이자면, 사모가 되기로 선택한 것에 하나님과 나와의 관계에서 거룩한 부담감을 가지는 것 외에는 다른 것으로 나를 옭아매고 싶지 않다.

내 남편의 선택이 나를 옭아매어 어쩔 수 없이 사모가 되었다고 생각하면 끝도 없는 수렁에 빠지게 될 것 같다. 생각보다

이 부르심에 대한 의문을 제기하는 사모들이 많아서 남겨 보는 말이다. 누군가는 사모로서 포기해야 할 부분이 많다고는 하지만, 세상의 다른 '누군가'들도 어떤 것을 선택하면 어떤 것은 내려놓아야 하는 것처럼, 사모가 된다는 것은 그 정도의 선택일 뿐이라고 생각한다. '나는 왜 사모인가?'라는 질문에 끊임없이 매여 있는 것은 자신에게도 자신의 주변 누구에게도 유익이 될 게 없다. 좋은 방향으로의 고민이라면 답이 있겠지만 대개는 그렇지 못한 경우가 많다. 이 부분에서의 우리의 선택지는 이 길을 가게 하신 하나님만을 온전히 믿고 앞으로 나아가는 것뿐이다! 내가 선택한 내 인생의 수퍼 셀럽은 예수님!

난임 치료하는 사모

"이제 어쩌죠?" 다시 찾아온 그날과 함께 병원에 방문한 내가 의사 선생님에게 던진 질문이었다.

"이제는 시험관을 생각해 보시는 게 어떨까요?"

만 29세(여기서 만 나이를 쓴 것은 이제 우리나라도 만 나이로 나이를 센다는 것을 떠나, 고집스럽게 20대에 시험관을 시작했음을 강조하고 싶어서이다), 요즘 시대에 남들은 결혼도 안 했을 나이에 시험관을 시작하게 되었다.

병원에서 홀로 돌아오는 차 안에서 엄마에게 전화를 걸었다. "엄마, 이제 시험관을 해 보자고 하네?" 그런데 참 희한하게도 나의 난임 소식에 엄마는 어떤 죄책감을 느끼는 듯했다. "내가 너가 어릴 때 잘 못 먹여서 그런가?", "일본을 보내는 게 아니었나?", "생리가 조금이라도 불순할 때 얼른 병원을 갔어야 했나?" 엄마는 머릿속에 떠오르는 모든 의문들을 쏟아 내었다.

"그게 무슨 상관이야."

별 걸 다 연관시켜 생각한다는 듯 괜찮다는 두 문장을 더 늘어놓고 얼른 전화를 끊었다. '그러게요, 하나님… 왜 저에게 이런….' 운전대를 잡고 있었지만 눈물이 흘렀다. 남의 일이라고 생각해서 위로만 하던 일이 나에게 벌어진 이 상황이 참 억울했다.

남편에게 약간의 수고를 더하고자, 자가 주사는 남편 손에 맡겼다. 내 손으로 직접 주사를 놓는 게 겁이 나기도 했지만, 남편과 함께하는 게 좋겠다는 생각이 들어서 그렇게 했다. 주사 시간에 맞춰 교회에서 집으로 돌아와 주사를 놓아 주고 나가는 남편. 어떤 날은 괜히 엄살을 더해 보기도 하고, 진짜 아프기도 했다. 배꼽을 기준으로 오른쪽, 왼쪽에 주사를 놓으면서 '어떻게 맞으면 덜 아플까. 어제 맞은 곳은 멍이 들었으니 조금 멀리 주사를 놓아야지.' 이제는 누군가 쓰고 있다는 주사 이름만 들어도 언제 어떻게 맞는 건지 자연스레 알게 되었다. 몇 달의 여정 동안 비운 주사 약액 바이알만 100개는 족히 되는 듯하다. 그런데 그렇게 매일 바늘과 싸우는 시험관 과정 중에서 그나마

주사를 맞는 것이 가장 쉬웠다.

난자 채취 이후 극심한 부작용으로 열흘은 변기를 부여잡고 잠이 들었다. 속이 울렁거려 겨우 하나 먹은 바나나도 다 게워 내야 했다. 울렁거림은 몇 주간 계속 되어서 임신을 한 것도 아닌데 입덧 약 처방을 받을 정도였다. 당시에는 약이 비보험이라 '이게 한 알에 도대체 얼마야' 하면서도 일상 생활을 위해서는 이것도 저렴한 것이라며 작은 한 알을 밤마다 삼켰다. '이 작은 게 어떻게 울렁거림을 막아 주는 걸까? 위약 효과로 정상 생활을 할 수 있게 해 주는 건 아니겠지?' 하는 말도 안 되는 생각도 해 보며 하루하루를 보냈다.

몸이 약해지니 '정신 건강에까지 영향을 미치게 되는 것 아닐까' 하는 생각까지 들었던 하루하루였다. 배에는 복수가 차서 숨을 쉬기 어려워 잠을 잘 수가 없었다. 식은땀으로 범벅인데, 당장 몸을 기대지 않으면 죽을 것 같아서 침대에 몸을 기댔다가 화장실을 갔다가를 수십 번 반복하고 나면 아침이 되었다. 도저히 견디기 어려울 때는 병원에 가서 링거 주사를 맞았는데, 한 통에 24만 원이라는 계산서를 받아들고는 '다음엔 그냥 아프다고 하지 말아야지'라고 다짐하면서 마음이 서러웠던 적도 있었다. 아픈 것보다 돈이 무섭다고 느낀 씁쓸한 시간이기도 했다. 난자 채취를 두 번이나 했는데, 그 과정들이 아직

세상에 하나뿐인 사모 _ 박세윤

도 내 일기에 남아 있다. '요령이 생긴 줄로 알았는데, 요령은 없다. 그냥 하염없이 아플 뿐'이라며 당시에 남겨 둔 글을 보니 그때의 아픔이 또다시 밀려오는 듯하다.

두 번째 채취 후에는 엄마가 상경해서 몸조리를 도와주었다. 내가 괴로워하고 아무것도 입에 대지 못하는 모습을 보면서 시험관을 다시는 하지 않는 게 좋겠다고 했다. 손주를 보는 기쁨보다는 딸이 아프지 않았으면 하는 게 엄마의 마음인가 보다.

이 아픈 과정을 겪고 나면 다 끝나는 줄 알았는데, 이식하고 나서는 어떤 말에도, 상황에도 신경을 아주 곤두세우는 내 모습에 하루하루가 지옥이었다. 남편의 말 한마디가 섭섭하고 억울하고, 그 기간 동안의 감정을 주체하지 못하고 악에 악을 다 뱉어 내고도 화가 가라앉지 않았다.

더군다나 사모이기 때문에 누군가에게는 시험관을 하는 것이 '믿음 없음'으로 비춰질 것이 염려되어 시험관에 관한 이야기는 기도 제목으로 내놓을 수도 없었다.

'마음을 편하게 먹는 게 최고다'라고 위로의 말을 건네는 사람에게도 '그게 되면 다 되겠죠'라며 날 선 말을 하고 싶을 때도 참 많았다. 그 말을 삼키고서 집에 돌아와서는 또 울었다. 위로의 말도 함부로 건네는 게 아니라는 것을 그때 깨달았다.

그렇게 네 번의 이식은 모두 실패로 끝났다. 너무 힘들어서 난임 치료를 쉬는 시간 동안 결국 이 모든 것이 나에게 집중된 하나님의 시험이라는 것을 깨닫게 되었다. 하나님이 문제를 내 주실 때마다 계속해서 나는 틀린 답을 제시하고 있었다는 것도 알게 되었다. 그럼에도 아직 그 문제를 제대로 맞출 용기가 없다. 어느 병원을 가도 '아이를 가지기 어려운 몸은 아니다'라고 하는데, 정답은 하나님이 가지고 계신다는 것을 믿고 온전히 힘 빼기를 할 수 있으면 좋겠다.

그럼에도 불구하고 내가 사모여서 아주 감사한 점은 성도 님들이 한마음으로 기도해 주신다는 점이다. 매번 볼 때마다 '기도하고 있다'라고 해 주시는 권사님들. 얼마간은 '내가 그 기도에 부응하지 못하고 있나?'라는 생각마저 들기도 했지만, 누군가를 위해 기도하는 마음이 얼마나 큰지 잘 알기에 그저 감사하기로 했다. 진심으로 마음 다해 감사하고 있다.

얼마 전에는 '세윤 사모' 하고 이름을 불러 가며 기도하고 있다는 권사님의 말씀을 듣고 그 마음이 참 감사하고 감사했 다. "이왕 기도하시는 거 쌍둥이로 부탁드려요!"

체형상 살이 찌면 몸뚱이(?)가 많이 찌는데, 살이 찔 때마다 하던 일을 모두 제쳐 두고 뛰어나와서 (진짜 몇 번이나, 모두 다른 분들이…) '아기 생겼냐'고 물어봐 주시는 권사님과 집사님들이

세상에 하나뿐인 사모 _ 박세윤

계시다. 정말 기쁨으로 축하해 주려고 나오신 건데, 그때마다 죄송한 마음이긴 하지만 "이건 그냥 제 배예요"라며 호탕하게 웃을 수 있어서 다행이다. 힘들 때 웃는 자가 진정한 승자라는 말이 있지 않던가?!

작년(2023년) 11월을 기점으로 남편이 교회 사역을 내려두고 기관 사역을 시작하게 되면서, 글을 쓰고 있는 지금 시점에는 등록한 교회가 아직 없다. 사임을 하면서 기도의 샘이 끊어진다는 게 가장 마음이 힘들고 두려웠다. 그저 목사, 사모라는 이유로 정말 많은 기도를 받아 왔던 우리 가정이었는데, 그 특권을 당분간은 누리지 못할지도 모른다고 생각하니 괜스레 큰 외로움으로 다가왔다. 그럼에도 적절한 때에 기도를 함께 해 줄 사람을 붙여 주실 거라 믿는다(출간 시점 현재 주말 파트 사역 중).

요즘 사모는

'자기 계발'이라는 키워드가 유행하고 있다. 유행이라기보다 이제는 삶의 일부가 되어 버렸다는 생각이 들 정도로, 조금이라도 자신에게 투자하는 않는 사람이 없는 시대이다. 어릴때부터 하고 싶은 게 참 많았던 나는 지금도 프로(?) 자기 계발러다. 꾸준히 하는 자기 계발 중에는 독서와 필사, 외국어 공부가 있는데, 그중에서도 독서는 정말 필수적이다. 나는 신앙 서적뿐만 아니라 다양한 영역의 독서를 해야 한다고 생각하는 편인데, 다양한 지식을 가지고 있으면 어떤 문제를 이야기할 때 다양한 시선으로 접근할 수 있으므로 큰 도움이 된다.

하루는 어떤 성도님에게 이런 질문을 받은 적이 있다. "사주팔자는 통계/확률 기반이라 미신이 아니라던데, 어떻게 생각하세요?" 그에 덧붙여 얼마 전에 사주를 보고 왔는데 정말 그렇지 않을까 싶을 정도로 자신의 상황과 딱 맞다는 생각을 했다고 하는 것이 아닌가! 이제 세상은 "A 또는 B라는 전제는 이성적으로나 과학적으로 옳음이 입증되었다. 그런데 크리스천 너희들은 왜 아니라고 하냐?"라며 기독교를 공격하는 시대가 되었다. 질문의 답이 쉬울 수도, 어려울 수도 있다. 이 상황에서 "성도님을 위해 기도하겠습니다"라고 하면 그 성도의 의문이 시원하게 해결될 수 있을까? 대신 "성도님의 앞으로의 인생을 확률에 맡겨 보실래요? 불가능이 없으신 하나님께 맡겨 보실래요?"라고 질문했다. 그 뒤로 성도님은 대답이 없었지만, 그 질문에 대한 답은 그 성도님에게 남겨 두기로 했다.

과거에 기독교는 '감성적인' 것이 앞섰다면 지금은 '지성적인' 신앙이 필요한 때가 왔다. 이 시대에 던져진 질문들은 목회자뿐 아니라, 사모와 성도들에게 주어진 과제이기도 하다. 이전의 세대에는 그저 덮어놓고 무조건 믿으라면 믿었던 시대였고, 또 믿음에 의문을 품는 것이 금기시되기도 했다. 그런 모습을 보인다는 것 자체가 믿음 없음으로 낙인 찍히는 것과 같았기 때문에, 성도들의 의문점은 쌓여만 갈 뿐 풀어낼 방법이 없었다. 말씀과 교리에 대한 지식이 없다 보니 조그마한 시련에도 쉽게 무너지기 일쑤였고, 옳고 그름을 분별하지 못하는 크리스천이 생겨나기도 했다. 심지어는 크리스천이라고 당당히 밝히면서도 '아침 루틴: 명상하기'라고 이야기하는 사람이 한둘이 아님을 볼 때면 안타깝기 그지없었다. 신앙도 어느 측면에서는 배워야 함을 요즘 더 절실히 깨닫는 중이다.

또 기독교인이 쉽게 범하는 실수 중 하나는, 최선의 노력은 하지 않지만 놀라운 하나님의 은혜를 바란다는 것이다. 미국의 다음 세대 교육으로 유명한 어느 한 교회는 예배의 진행 큐시트를 초 단위로 작성한다고 한다. 완벽에 완벽을 더하는 것이다. 그 교회에 "그럼에도 실수가 생기면 어떻게 하나요?"라는 질문이 들어온 적이 있는데, "그건 하나님이 하실 영역이고, 우리는 우리가 할 수 있는 영역에서 최고의 노력을 하는 겁니다"라는 대답이 돌아왔다고 한다. 지난 세대의 우리, 지금의 나의 삶을 돌아보면 "은혜"라는 좋은 핑계 안에서 최선을 놓치고 있는 것은 아닐까? 주님께 맡길 영역은 완전한 믿음으로 올려 드리고, 내가 할 수 있는 영역은 주어진 자리에서 최선을 다하는 것이 지금 시대 지성적 크리스천에게 필요한 모습 아닐까.

이전에 섬기던 교회의 성도님은 자녀 셋을 모두 '기독교교육과'를 보냈다고 하신다. 특별한 이유가 있는지 여쭤봤더니, "스무 살이라는 나이는 자신의 남은 인생을 결정하고자 무언가를 선택하기에는 아직 충분하지 않다. 그렇기 때문에 젊은 시절, 내 생각이 더 확립되는 시기에는 '기독교 세계관'을 먼저 배웠으면 좋겠다"라는 생각으로 세 자녀 모두를 그렇게 진학하도록 독려했다는 것이다. 대한민국 교육의 굴레에서는 공부를 하지 않으면 좋은 대학을 갈 수 없기 때문에 학창 시절에 최선을 다하도록 돕는 것은 당연하지만, 그 이후의 삶은 대학에서 천천히 선택했으면 좋겠다는 생각을 하셨단다. 세계관이 잘 정립된 이후에 또 하고 싶은 일이 있다면, 대학원을 진학해서 배움을 지속해 나가는 것이 좋다는 말도 덧붙이셨다. 이 대화는 4년이라는 시간이 훌쩍 지났음에도 계속 마음에 남았다. 진정한 갓생을 위한 첫걸음은 기독교 세계관을 올바로 정립하는 것에서부터 시작한다는 사실을 기억하는 것은 매우 중요하다.

기독교 인구가 계속 줄어들고 있다고 한다. 하지만 전체적으로 인구 고령화와 저출산 문제의 영향도 있기 때문에, 더 이상 이 부분은 문제 삼지 않기로 하자. 대신 적은 인원이라 할지라도 제대로 된 크리스천 리더 하나를 세우는 일에 온 힘을 쏟아 보는 것은 어떨까? 비단 다음 세대뿐 아니라 지금 세대인 우리부터 잘 세워지기.

나는 여전히 고군분투하고, 그럼에도 부족하지만 내게 주시는 지혜만큼 힘을 다해서 알아 갈 것이다. 나를 위해서 하는 이 일들이 남에게 더 큰 유익으로 남는 인생을 사는 내(사모)가 되길 바란다.

거실이 넓은 집

내 본가는 평수에 비해서 거실이 넓은 편이다. 아빠가 지은 집인데, 사람들을 초대하기 위해서 거실을 넓게 지으셨다. 실제로 어린 시절의 우리 집은 선교 단체나 중고등부 학생들로 늘 북적였다. 아빠는 중고등부 부장을 수년간 하셨고, 라면 하나라도 끓여 먹이겠다며 집으로 학생들을 우루루 데리고 오셨다. 엄마와 아빠는 라면부터 삼겹살, 학생 손님부터 선교 단체 대표님들까지 손님을 대접하는 데에는 달인이 되었다. 그 시간들이 힘겨웠을 법도 한데 엄마는 다시 회상해 봐도 손님 대접이 그렇게 어렵지 않았다고 한다.

나도 보고 배운 것이 그런 부분이라서 그런지, 이전에 사역하던 교회의 사택에 주일마다 아이들이 넘쳐났다. 둘이 살기에는 좁지 않은 집이었는데, 많은 아이들이 앉아서 놀기에는 좁은 편이었다. 어떤 아이는 자리가 부족해서 현관 가까운 곳에 자리를 잡을 수밖에 없었는데, 그 아이가 움직일 때마다 현관 센서 등이 켜졌다, 꺼졌다를 반복했다. 그 모습을 보면서 '저렇게까지 우리 집에 오는 게 재밌나?' 하는 생각에 신기했던 적도 있었다. 심방 비용이 따로 나왔던 게 아니어서, 넉넉하지 않은 형편에 라면부터 대패삼겹살, 계란볶음밥 등 비싸지 않으면서도 가성비가 좋은 음식들을 준비했다. 10인분 이상은 거뜬히 해치우는 아이들 덕분에 6인분 밥솥에 밥을 새로 하고 다시 볶고를 반복할 때도 많았지만, 힘든 줄을 몰랐다. 같이 밥을 먹어야 정이 쌓인다고 했던가. 좁은 공간에 부대껴 가며 시간을 나눈 그 시간들 덕분에 더 많은 것들을 얻었다.

　시간이 지나면 이전 사역지와의 인연이 옅어지기 마련인데 (현재의 사역자를 위해서도 그것이 예의라고 생각하는 편인데), 이렇게 한솥밥을 먹었다 보니 쉽사리 관계가 정리되지 않는(?) 장점도 있다. 본인이 무슨 말을 하는지도 모르는 중학생 시절을 지나, 어느 날은 군대 간다고 하더니 전역했다는 소식을 들을 때까지 모든 순간에 함께할 수 있는 것은 우리 사역자들의 특권이 아닐까? "니가 언제 이렇게 컸냐!" 하는 말은 교회 공동체에서 자주 들을 수 있는 말이다. 그만큼 나도 나이를 먹었음을 인지하지 못한 어른들의 말이라고 생각했는데, 나도 그 말을 자주 하게 되는 걸 보니 늙었나 보다…?

　함께 사역하는 사역자들을 보면 다 각자의 강점이 있다. 누구는 놀라울 정도로 남의 이야기에 귀를 잘 기울여 주고, 또 그에 맞는 조언을 해 주는 데에 은사가 있는 반면, 따뜻한 말이 아닌 채찍질로 동기 부여를 하는 사람도 있다. 어떤 사역자는 말을 많이 하지는 않지만, 그저 그 존재만으로도 힘이 되어 주기도 하고, 결정적인 선택을 해야 하는 순간에 생각나는 사람도 있다. 그저 하루의 시름을 웃음으로 덜어내보고자 찾고 싶은 사역자도 있다. 각자의 사역의 은사대로, 방향대로, 속도대로 하는 게 정답이지 않을까. '이것도 좋고 저것도 괜찮아'라는 성의 없는 그런 말이 아니라, 사역의 방향을 고민하는 사모들에게 해 주고 싶은 위로의 말이다.

우리 부부가 사역을 하면서 품고 있는 하나의 중심은 이 아이들을 어린이, 청소년, 청년의 때에 하나님의 말씀으로 잘 무장시켜서 한 사람의 크리스천으로 키워 내는 데에 조금이라도 일조한다면 그것보다 큰 기쁨은 없으리라는 것이다.

유치부 공과 시간이었다. 어린아이들이긴 하지만, "우리 오늘 배운 말씀대로 실천하고 살다가 나중에 천국에서 만나자! 사모님이 먼저 가서(가는 덴 순서가 없다지만…) 여기 있는 친구들 중에 누가 오나, 안 오나 검사할 거야!"라는 약속을 하는데 목이 메어 왔다. 교회 교사로서, 목회자로서 거룩한 부담감이 느껴져서, '감히 내가 아이들을 올바르게 가르치고 세우는 이런 일을 감당할 수 있을까?'라는 질문과 동시에 감동이 밀려

왔다. 그날 밤 남편에게 그 이야기를 했더니 "근데 사모님이 천국에 없으면 어떡하냐?"라는 말로 나를 놀렸지만, 오히려 '나도 정신 똑바로 차리고 천국을 준비하는 삶을 살아야지'라고 다짐했다.

유치부 어린이들과 이런 찬양의 가사를 부르며 묵상을 한 적이 있었다.

나도 세상의 빛으로 오늘도 천국을 준비하며,
땅 끝까지 전해요 이 세상 진짜 소망!

어떻게 생각하면 어린이들은 아직 천국과는 멀리 있는 듯해 보이는 나이인데, 가사에 천국을 준비한다는 내용이 있어서 처음에는 뭔가 이상하게 느껴졌지만, 찬양을 고백하면 할수록 은혜가 되었다. 어느 세대든 이 땅에서 하나님 나라를 살며 준비하는 자가 되도록 돕는 것이 우리의 사역 목표가 되면 되지 않을까.

거실이 넓은 집을 만들었던 나의 아빠와, 다음 세대를 위해 넓은 마음을 품은 내 남편을 주신 하나님께 감사!

내 남편의 여정

얼마 전 유럽 여행을 갔을 때의 이야기다. 주일을 껴서 가는 일정이라 현지 한인 교회에서 예배를 드리기로 했다. 남편과 나는 매주 교회를 가기 전에 헌금을 얼마나 할 것인지를 두고 함께 의논한다. 그날도 여느 때와 같이 의논을 하고 10유로를 헌금하기로 결정했다. 그런데 예배가 끝나고 기도 시간에 남편이 옆에서 '부스럭부스럭' 하는 소리를 냈다. 눈을 감은 채로 '남편이 봉투에 헌금을 더 넣고 있구나' 하고 생각했다. 이미 헌금 봉투에 헌금을 넣어 둔 상태로 예배에 참석했기 때문에 아무래도 헌금을 더 넣고 있는 것 같았다. 예배를 마치고 나오면서 남편에게 이야기를 들어 보니, 자기 생각에 '우리가 크로와상을 하나 먹는 데도 적지 않은 돈을 쓰는데, 하나님께는 10유로만 드린다는 게 마음에 차지 않았다'라는 거였다. 넉넉한 재정으로 여행을 간 것이 아니어서 일정 내내 환전한 돈이 얼마나 남았는지 계속해서 체크를 해야 하는 상황이었지만, 이런 남편의 뚝심이 언제나 마음에 든다. 남편이 혼자서 예배 시

세상에 하나뿐인 사모 _ 박세윤

간 내내 고민하다가 꼬깃꼬깃 헌금을 더 넣었을 생각을 하니 어찌나 든든하던지….

내가 보는 남편은 이런 사람이다. 엉뚱하지만 신앙에 있어서는 타협이 없다. 그게 가끔 나를 힘들게 할 때도 있다. 나도 적잖이 보수적인 사람이지만, 뛰는 놈 위에 나는 놈을 만나게 하신 하나님 덕분에 세상과 타협하지 않으려고 끊임없이 연단하며 살고 있다.

결혼을 하고 나서도 남편은 사역은 물론, 공부를 계속해 왔다. 하루 왕복 9시간이나 걸리는 거리를 감행해 가면서까지 배움의 열정이 식지 않았는데, 매주 월요일 학교를 올라가는 길에는 '4시간 반을 길에서 쏟는 게 맞는 건가?' 싶다가도, 내려오는 길에는 고생한 것보다 더 큰 인사이트들을 채워서 돌아왔다고 한다. 그렇게 남편은 학부 4년, (신대원 3년), 석사 2년, 박사 2년을 "기독교 교육"이라는 외길 인생을 걸어왔다. 쌓여 있는 학자금 대출 잔액을 볼 때면 '이렇게까지 해야 하나?' 싶다가도, 여전히 어디선가 '기독교 교육'이라는 단어만 들려와도 작은 눈을 반짝이는 남편을 볼 때면 하나에 그렇게까지 몰두할 수 있는 남편이 부럽기도 하다. 그렇기에 긴 시간 교회 사역을 해 온 남편이 최근에는 기관 사역으로 사역의 방향을 바꾼 것이 그렇게 놀라운 전환은 아니었다. 덕분에 삶의 형식은 많이 바뀌었지만 어떤 선택이든 잘해 낼 남편이라는 것을 알기에 응원을 보내고 있다.

남편의 학구열이 나에게도 적지 않은 영향을 끼쳐서, 자기 계발이나 세계관 등에 관심을 갖게 되었다. 우리는 외출을 하지 않는 날도 각자의 일을 하다가 잘 시간이 되어서야 침대에서 만나는데, 남편의 이야기들을 듣다 보면 어느새 새벽 1, 2시가 훌쩍 넘어 버리는 날도 수없이 많았다. "여보, 내일 이야기하고 이제 자자"라고 애원할 정도였는데, 최근에는 '그냥 침대 토크를 녹음해서 콘텐츠로 만들어도 재밌을 거 같다'라는 생각을 하고 있다. 그 정도로 남편은 배움과 가르침에 열정이 넘치는 사람이다.

그중에서도 가장 감사한 것은 남편의 관심사가 나의 관심사가 되어 가고 있다는 것이다. 남편이 아무리 이야기를 해도 내가 관심이 없다면 그야말로 남편 혼자서 걸어가야 하는 외길 인생이 되었겠지만, 그 길을 내가 함께 걷는다면 함께 가는 인생길이 되지 않겠는가. '기독교 세계관', '기독교 교육'이라는 말에 가슴부터 먼저 뛰는 남편과 두근거리는 여정을 함께 걸어 갈 우리의 남은 삶이 기대가 된다. 2인 3각이 늘 삐걱대는 우리지만 하나님이 그 발걸음을 맞추어 주실 것을 신뢰하기에, 비록 지금은 조금 힘들어도 계속 힘들지만은 않을 것이다.

사모는 어디까지 진실해야 하는가?: 사모의 SNS

'SNS에서 어디까지 진실을 말해야 하는가?'에 대한 질문을 스스로에게 할 때가 많다. 특히나 SNS는 공개적인 장소인데, '나의 모든 일거수일투족을 공개한다면 시험에 들 사람도 있지 않을까?' 하는 고민이 찾아오기도 한다. 전공이 일본어인 관계로 일본 여행을 갈 기회가 잦은 편인데, 작년만 해도 일본에 네 번이나 다녀왔다. 결혼 전에도 아빠는 "장날에 장터 구경하러 가듯이 일본을 가네"라고 할 정도로 일본이라는 나라는 나에게 제주도보다도 가까운 곳이다. 그러다 보니 자연스럽게 일본 여행에 관한 내용을 자주 업로드하게 되는데, 그럴 때마다 '괜찮을까?' 하는 고민도 함께하게 된다. 하지만 다녀온 것을 다녀오지 않은 척하는 것도 위선 아닐까?

누군가는 '그럼 SNS를 하지 않으면 되는 것 아니냐?'라고 할 수도 있을 테지만, SNS를 근 20년간 해 온 내게는 쉽지 않은 선택이다. 이미 기록의 힘을 경험한 나에게 기록을 하지 말라고 하는 것은 일을 하지 말라는 것과 같은 수준의 압박이다. 일본 여행기도 누군가의 눈에는 그저 자랑으로만 보일 수 있겠지만, 그보다 일본에 관한 정보는 누구보다도 잘 전할 자신이 있기 때문에 남기는 것이기도 하다. 이쪽의 정보를 저쪽으로 복사해서 퍼 나르기 식의 뻔한 정보가 아닌, 내가 직접 부딪혀 보고 경험한 것들을 쓴다는 것에 프라이드를 가지고 있기 때문에 그만두기가 쉽지 않다.

"… 하는 것은 성도들에게 덕이 되지 않는다"와 같은 기준을 누가 정한 것인지는 모르겠지만, 이런 기준들은 내가 표현을 자유롭게 하는 데 오랜 시간이 걸리게 했다. 사실 아직도 그 덕스러움의 기준을 세우지 못했다. 외식 비용은 얼마까지 쓰는 것이 덕인지, 어떤 차를 타는 것까지가 사역자다운 것인지, 어떤 가방이 사모가 들기에 적당한 가방인지, 어떤 브랜드의 옷이 사치인지, 보이는 것으로 쉽게 평가받는 세상에서 기준을 정한다는 것은 참 쉽지가 않다.

교회의 형태에 따라서 다르겠지만, 기성 교회에서의 사모는 더 많은 제약을 받는다. 나를 표현하는 방법에는 아직도 더 많은 지혜가 필요하겠지만, 여러 형태의 교회가 있는 만큼 이제는 표현하는 방식에 대한 전환 역시 필요한 시점인 듯하다. 유튜브와 같은 플랫폼에 설교나 찬양 영상만이 복음의 매체가 될 수 있는 것이 아니라, 기독교 세계관을 잘 나타내는 콘텐츠

75

역시 복음의 도구가 될 수 있음을 이해하고 발행하는 것도 매우 지혜로운 방법이 될 수 있다.

여전히 나는 어떤 글을 쓰거나 영상을 올릴 때마다 많은 고민을 하지만, 변하지 않는 진리인 복음을 좀 더 잘 표현할 수 있는 지혜가 떠오르길 소망한다. 어떤 사람은 "세상의 모든 형태의 사랑을 응원한다(동성애든 이성애든)"라는 게시물을 만들지만, 우리는 "사랑은 어떤 형태로든 상대방을 아프게 하지 않습니다"라고 말하는 사람이 되면 어떨까. 꼭 대단한 내용이 아니어도, 나의 생활을 보여 줌으로써 크리스천의 삶의 방법은 어떠해야 하는지 똑똑하게 알려 줄 수 있다면 SNS에서도 투명하게 진실해도 괜찮지 않을까.

표현의 자유라는 명목 아래 누군가에게는 어떤 식으로든 상처가 될 수도 있는 일상을 공유하는 것은 지양한다. 특히나 '사모'라는 이름으로 살고 있기 때문에, 이 부분에 대해서는 더욱 조심스럽다. 'SNS에 공유하는 일상은 내 삶의 최대치다'라는 말을 들었다. 나는 내가 할 수 있는 최대치를 자랑하려고 아둥바둥하는 것이 아니라, 하나님이 하신 최대치를 자랑하기 위해 아둥바둥하는 사람이고 싶다.

돈 되는 일과 돈 안 되는 일

세상에는 해야만 하는 일과 하고 싶은 일이 있다. 냉정하게 말하면 전자는 돈이 되는 일이고 후자는 돈이 안 되는 일이다.

결혼을 하고 나서 유아 영어 센터에서 일을 하게 되었다. 마치 하나님이 나를 위해서 준비해 두신 일자리인 듯, 주일과 월요일은 휴무라고 했다. 더군다나 센터의 교육 방식이 영어를 놀이 형식으로 자연스럽게 알려 주는 방식이라 더 마음에 들었다. '일하는 동안 잘 배워서 내 아이들도 잘 키워 봐야지' 하는 생각에 부푼 마음을 안고 일을 시작했다. 다른 에피소드에도 나오지만, 난임 기간이 길어지면서 예상과 달리 그 일을 아직까지도 하고 있다.

이 일 덕분에 100명 정도의 아이들과 부모님을 만날 수 있었다. 100명의 아이가 있다는 것은 곧 100가지의 성향과 성격이 있다는 것이며, 부모님의 유형 역시 100가지라는 의미이다. 그래서 가르치는 스킬뿐만 아니라, 상담하는 방법도 여러모로 정말 많이 배우고 성장했다. 반면 사람을 대하는 일을 오래 하

77

세상에 하나뿐인 사모 _ 박세윤

다 보니 나름의 번아웃이 찾아올 때도 있었다. '내 시급을 조금이라도 더 올려야지'라는 생각을 하게 된 시점이 온 것이다. 내 시급이 5만 원, 7만 원이 되면서 스스로 잘하고 있다고 위로할 때도 있었다. 그러다 돈이 더 이상 일의 동기가 되어 주지 못하게 되자, 문득 남편은 어떻게 일하고 있는지 궁금했다. 교회 사역의 특성상 야근 수당은 물론 주말 수당도 없지 않은가? 시급이 중요한 나에게는 전혀 이해가 되지 않는 삶의 형태이다. 어느 날 "와, 여보는 대단하다. 어떻게 그렇게 일해?"라고 물었는데 돌아온 대답은 정말 단순했다. "그냥 일을 좋아하면 돼."

나는 아이들의 어린이집 하원 시간에 맞춰서 출근을 하기 때문에 출근 시간 전까지는 시간이 아주 많다. 그래서 내가 하고 싶은 일들을 하는데, 주로 책을 읽고, 요즘은 글도 조금씩 쓰고 있다. 가끔씩 마음에 드는 장소를 가게 되면 '어떤 콘텐츠를 만들어 볼까?' 하면서 책과 할 일을 신중하게 골라서 들고 나간다. 블로그는 계속 해 왔지만 유튜브를 시작한 지는 얼마되지 않았다. 요즘은 영상 기반의 콘텐츠를 만드는 것에 재미가 들렸다. 사실 작은 규모의 SNS로는 돈이 되는 일을 할 수 없다. 그럼에도 요행을 바라지 않고('이렇게 하면 조회수가 늘어나요, 구독자/팔로워를 늘릴 수 있어요'와 같은 방법을 쓰지 않고), '진심을 담은 콘텐츠를 만들자'라는 마음으로 계속 해 나가고 있다. 내가 하는 꼴을 봐서 돈을 벌어 먹기는 그른 것 같지만, 기록이 쌓여 가는 자체가 퍽 재미있다.

기록을 하다 보면 내가 어떤 사람인지, 자아 성찰도 많이 하게 된다. 하나님을 알아 가기 위해서는 인간을 이해하는 능력도 필요하다고 한다. 그 첫걸음이 나를 알아 가는 일인데, 세상에서 가장 돈이 안 되는 일이기도 하다. 하지만 소크라테스의 '너 자신을 알라!'라는 가르침이 몇천 년이 지나도록 기억되는 데는 이유가 있지 않겠는가.

돈이 되는 일과 되지 않는 일의 조화가 필요했다. 그래서 생각해 낸 것이 '나의 일에 대한 노하우를 영상 강의로 남겨 보면 어떨까?' 하는 생각이었다. 마침 더 이상 일을 할 수 있는 시간이 없는데 수업 문의는 계속 들어오는 상황이었던 터라, 어떻게 하면 좋을지 고민하기에 적절한 타이밍이기도 했다. '영상을 만드는 데 재미가 붙었으니, 돈 되는 것과 안 되는 것을 함께 붙여 보면 뭐라도 되지 않을까?' 하는 생각이 시작된 것이다. 초반에는 당연히 돈이 계속 나가기만 할 것이다. 하지만 "그냥 일을 좋아하면 돼"라고 했던 남편의 말처럼, 그냥 해 보면 되지 않을까!

수업을 하면서 받았던 피드백 중 기억에 남는 것이 있는데, "우리 아이들이 선생님 덕분에 영어를 싫어하지 않고 즐겁게 꾸준히 배워서 얼마나 다행인지요~ 선생님은 늘 최선을 다하시고 실력도 있으시고 따뜻함이 있으세요. 영어 선생님은 많지만… 좋은 선생님은 찾기가 보석과도 같죠~"라는 문자였다. 아이들을 마주하면서 영어도 영어지만, '나를 통해서 이 아이가 행복을 느끼고, 나아가 이 가정이 나로 인해 예수님의 사랑을 맛볼 수 있다면 좋겠다'라는 마음으로 수업했던 지난날들에 대한 보상과도 같은 문자였다. 차 안에서 이 문자를 받았을 때 하나님이 지친 내 마음을 아시고 사람을 통해 만져 주셨음을 느꼈다.

새로운 시도를 해 보려고 하는 지금 시점에서 고민이 생기는 것은 당연하겠지만, 그럼에도 '순간순간 지혜를 구하다 보면 내게 필요한 만큼 채우시지 않을까' 하는 확신이 있다. 꼭 해야만 하는 일과 하고 싶은 일을 나누어서 생각하기보다 지금 주어진 자리에서, 수도원 마당을 쓰는 작은일에도 최선을 다했던 《하나님의 임재 연습》의 로렌스 형제처럼 묵묵히 맡은 일을 해 나가는 것이 지금 나에게 주신 일이 아닐까. "그냥 일을 좋아하면 된다"라는 남편의 말처럼 어떤 일이든 좋아하면 돼!

착한 사모병

시대가 많이 바뀌었지만, 우리나라 가족 형태의 근간에는 착한 며느리병이 숨어 있다고 한다. '애써서 잘하지는 말아야지'라고 생각하면서도 시댁만 가면 소매를 걷어 올리고 마는 병이라고 하면 쉽게 이해가 되려나?

오은영 박사님은 '같은 반 아이들'과 '친구'는 같은 의미가 아니라고 정의했다. 모든 반 아이들과 친구가 될 필요는 없다는 게 새로운 관점이었다.

사모들은 자신도 모르게 착한 사모병을 앓고 있는 것 같다. '같은 교회 성도들'이 모두 '친구'가 될 수 없지만, 모두에게 살가운 미소로 인사하게 되고 마는 사모(나/우리의 모습).

사역을 하다 보면 자연스럽게 가까워지는 관계들이 있다. 사모들은 보통 성도들보다는 그 범위가 넓어서 피곤할 수는 있지만, 부서에서 함께 사역하는 선생님들과 아이들, 아이의 학부모, 또 조부모님까지가 그런 관계 속에 속한다. 처음에는 먼저 밝게 인사를 건네지 않는 나에게 살갑다는 인상을 받지 못했을 수도 있지만, 지속적인 관계 안에서는 최선을 다하려고 한다. 진심으로 아이의 한 주 동안의 생활을 궁금해하고, 부모님에게는 어떤 어려움이 있는지, 조부모님의 건강은 어떤지, 또 우리 선생님들의 주중 생활은 어떤지, 어떤 고민을 가지고 있진 않은지 등에 관심을 갖는다. 처음에는 서먹했지만 시간이 지날수록 얼굴을 떠올리며 기도할 만큼 돈독한 관계가 형성된다.

또 구역원들과도 남다른 관계를 가지게 된다. 남편은 전임 사역을 했기 때문에 한 번씩은 구역원들이 사모도 함께 동행하길 원할 때가 있었다. 그런 심방이 있을 때는 내가 일하는 시간을 잘 조율해서 참여했다. 사모가 되면서부터는 (결혼하면서부터) 시간을 자유롭게 사용할 수 있는 직종으로 변경했다. 어쨌든 나의 본업은 사모이기 때문에 다른 돈 버는 일보다도 그것을 우선시하기로 결정했기 때문이다. 그렇게 (주로) 권사님들과 교제하는 날은 3~4시간도 훌쩍 지나가 버리지만, 그만큼 관계가 돈독해진다. 그 가정의 어려움과 지금까지의 역사들을 알고 나면, 교회에서 마주쳤을 때 그냥 지나가지 못하고 조금 더 긴 시간 동안 이야기를 나누게 된다.

사모가 성도와 다른 점이 있다면, 내가 어떤 사람을 선택한다기보다 나를 둘러싼 환경이 좋든 싫든 사랑하게 된다는 점이다. 그래서 평소 말이 많은(?) 권사님과도 티격태격 친해질 때가 있고, 등짝을 맞아 가면서도 안부를 나누는 관계가 형성되기도 한다. 모두에게 애써서 잘하지 않아도 충분히 교회 안에서 건강한 관계를 만들 수 있다. 시간이 갈수록 교회 사역이 재미있어지는 것은 그런 이유에서다. 내가 사모여도 할 수 있는 만큼만 하면 된다. 내 진심을 녹여 낼 수 있다면 그것만으로도 충분하다.

지난 11월에 4년 동안 함께했던 교회를 사임했다. "사모님은 차가운데, 가까이 가면 따뜻하다"라고 이야기해 준 분이 있었다. 또 같은 구역원임에도 불구하고, (코로나 때문에) 사임할 때가 되어서야 첫 끼를 함께할 수 있었던 권사님 한 분은 내 손을 꼭 잡으시며 "사모님이랑 이야기를 해 보니까 어디를 가도 잘 살겠더라"라며 응원해 주셨다. 아이들의 부모님들은 "우리 아이들을 너무 예뻐해 주셨는데, 아쉽다"라며 진심으로 아쉬워해 주셨다.

애써 노력하지 않았기에 지난 만 8년간의 사역이 힘들지 않았다. 더욱이 두 곳의 사역지를 거치면서(각 4년씩) 이 교회들을 잃고 싶지 않다고 생각할 정도로 따뜻함을 경험했다. 이제는 남편이 기관 사역자가 되어 나 역시 조금 자유로워졌지만, 남편이 다시 전임 사역자가 된다고 해도 나는 기꺼이 그 자리로, 기쁨으로 돌아갈 것이다. 내가 할 수 있는 만큼만! 그게 주님이 주시는 힘으로 하는 사역이 아닐까?

남편은 '그럼에도 모두를 안아 주는 것'이 진정한 사모라고 하지만, 아마 내가 그런 그릇이 되기까지는 시간이 조금 더 필요할 수도 있다. 하나님이 나를 깨우쳐 가시는 건 현재진행형이다. 오늘보다는 내일 더 안을 수 있도록 훈련하실 하나님을 기대하며….

짧은 치마

"다른 데 갈 땐 뭐든지 입어도 되니까, 교회 갈 때만큼은 평범하게 입고 가 주면 안 될까?"

토요일 저녁, 주일에 입고 갈 옷을 고르다가 내 스스로도 '이 옷은 좀 아닌가?'라고 생각하면서도 기어이 남편에게 옷을 보여 주면 짧은 한숨과 함께 이런 반응이 돌아온다. 이미 스스로도 '이건 좀 심하다'라고 생각했던 옷이기에 예상했던 반응이지만, 그런데도 왜 항상 물어보게 되는 걸까? 이미 답을 알고 있으면서.

삶에 있어서도 마찬가지다. 이미 머릿속으로는 온전한 힘 빼기만 하면 된다는 것을 아는데, 알면서도 감히 하나님과의 힘 겨루기를 할 때가 있다. '이렇게 조금만 해 보고 올게요.' 앎과 실천이 일치하지 못하는 내 삶은 나의 옷차림과 닮아 있다.

누구나 할 것 없이, 머릿속에 이미 어떤 직업이나 역할에 '…는 …해야 한다', '…은 아닌 거 같아요' 등의 고정관념을 갖고 있다. 바로 '사모님, 아닌 것 같아요'와 같은 말이 그런 것이다. 그렇다. '사모님, 아닌 것 같아요'의 주인공이 바로 나다. 나의 스물다섯 번째 생일 다음 날에 남편은 목사 안수를 받았다. 남편의 동기 중에서도 아주 빠른 케이스였고, 정석대로 70세에 은퇴를 한다면 살아온 날보다 사역하며 살 날들이 10년은 더 많다. 어린 혈기에 '사모는 이래야 한다는 식의 틀을 깨 보겠어!'라고 하는 마음이 있었던 걸까? '세상에 하나뿐인 사모'가 나의 모토가 되었다. 사실 모든 사람들이 이전에도 이후에도 없을 나만의 스타일의 사람들이고, 사모일 텐데 말이다.

남편의 신대원 교수님들과 한 번씩 교제할 때가 있는데, 황 교수님은 그중에서도 내가 가장 좋아하는 교수님이다. 한번은 교수님이 우리가 사역하던 교회에서 세미나를 하시고, 애프터로 식사와 차를 마시며 실컷 이야기를 나눌 기회가 있었다. 밤이 깊어 슬슬 자리를 정리하려는데 교수님이 말씀하셨다.

"세윤 사모, 여전히 치마가 짧네. 그래도 이 목사는 사모한테 이야기하지 마. 내가 이렇게 말할 정도면 이미 세윤 사모는 교회에서 열 번은 더 들었을 이야기일 테니까. 이 목사는 사모 편 해 줘."

그러면서 성도들은 은연중에 목사가 사모를 어떻게 대하는

지 보고 있다고 하셨다. 목사가 사모 앞에서 방패가 되어 주면 성도들도 사모를 함부로 건드릴 수 없단다.

내 귀에 들어온 나에 관한 이야기보다 남편 귀로 들어간 이야기가 더 많았을 텐데, 남편이 잘 막아 주고 있다는 것을 안다. 늘 감사하고, 또 미안하지만 왜 자꾸만 입고 싶은 걸까? 짧은 치마.

올해로 사모 9년 차, 요즘 들어 부쩍 사람의 성숙함은 나이에서 오는 건 아니라는 것을 절실히 느끼는 중이다. 그럼에도 2년 만에 나를 만난 어떤 교수님은 "세윤 사모, 많이 컸어"라고 뿌듯해하셨다. 만약 10년 후에 내가 이 책을 다시 꺼내 읽는다면 '나 이때 참 어렸구나, 설 익었었구나'라고 생각하겠지. 반드시. 그때의 나는 지금보다 10년은 더 성장했을 테니까.

누군가에게는 나의 이야기들이 햇병아리 같은 사모의 이야기처럼 들려서, '니가 뭘 알겠니?', '나는 이런 일도 겪어봤어~'라는 생각이 들게끔 할 수도 있겠다. 하지만, 이 책의 목적은 누가 누가 더 어려웠나, 처절했나를 겨루기 위한 목적이 아니라는 것을 알려 주고 싶다. 나는 누군가에게는 나의 이야기가 공감이 될 수도, 위로가 될 수도 있으면 좋겠다는 마음으로 이 글을 썼다.

나아가 '요즘'이라는 갑옷을 입고 '요즘 사모는 당연히 이래'라고 하거나, 전통적인 사모상은 무조건 부패하고 썩은 것이라고 말하는 것이 아니기를 바랐고, 또 내가 받았을지도 모르는 상처를 다시 되돌려 주는 글은 쓰고 싶지 않았다. 이런 내 진심이 독자들에게 잘 가닿기를 바라는 소망을 가득 담아 한 자 한 자 써 내려갔다. 부디 나의 글을 읽고 상처받는 사람이 없기를….

사람은 일기장에도 자신의 모습 그대로를 쓰지 못한다고 한다. 나만 보는 일기장에도 나의 모습이 꾸며질 때가 종종 있다고 한다. 누군가에게 보이는 글은 더욱 그럴 것이다. 그럼에도 사모로 살아오면서 내가 경험했던 것들, 어리고 미숙한 나의 날 것의 모습을 써 보고자 노력했다. 있었던 사실에 하나라도 더하거나 덜한 것 없이 쓰려고 했다.

글을 쓰면서 세상에 사모가 쓴 책이 없는 데는 이유가 있을 것이라는 생각을 참 많이 했다. 사모인 내 삶을 둘러싼 내용들을 쓰는 것이 쉽지만은 않았다. 그럼에도 불구하고 내가 이 책을 쓴 이유는 '사모는 행복한 일'이라고 생각했기 때문이다. 또 내 옆에서 함께해 주는 사람들에 대한 감사도 담고 싶었다. 부족하고 부족하다는 말 외에는 설명할 수 없는 나를 안아 준 사람들을 생각하면서 글을 쓰는 동안 몇 번이나 눈시울을 붉히며 감사를 고백했는지 모른다.

이 글을 쓰면서 '내가 언제까지고 어리광을 부리며, 마냥 행복할 수만 있을까?' 하는 생각이 문득문득 들곤 했다. 하지만 어떤 상황에도 주어진 자리에서 충분한 기쁨을 주실 하나님을 기대한다.

최근에 할머니를 보내며, 결국 생의 마지막 순간에 남을 단어는 '예수'라는 이름이 아닐까 하는 생각을 했다. 마지막 의식이 옅어져 가는 할머니에게 엄마는 "예수님! 예수님 찾아라, 엄마!!"라고 외쳤다고 한다.

'사모가 이래서 저래서'가 아니라, 결국 마지막에 남을 이름은 사모가 아닌, '예수님'이다.

사모를 사모하다

박슬아

두 아이의 엄마이자, 남편과 함께
개척 교회를 섬기고 있는 사모. 교복도 입기 전,
한 사모님을 만나 예수님을 영접하게 되고
사모의 꿈을 꾸기 시작했다.
현재 하나님의 종으로 부름을 받은 남편을 만나,
꿈에 그리던 사모의 길을 가고 있다.
아직은 새싹 사모이지만, 남편과 함께
아둘람 굴 같은 교회를 꿈꾸며
맡겨진 하루를 충실히 살아가고 있다.

나의 색깔

내가 태어난 곳은 하루 운행 횟수를 손가락으로 꼽을 수 있을 정도로 버스가 몇 번 다니지 않는 작은 시골 동네였다. 태어나 보니 우리 집은 증조할머니와 조부모님, 고모, 삼촌, 부모님까지 4대가 함께 사는 대가족이었다. 난 가족들이 바라던 아들은 아니었지만, 아들 같은 듬직한 딸이었고, 누가 봐도 박(朴)씨 집안의 얼굴이었기에 가족들의 사랑을 독차지하며 자랐다. 그런데 엄마의 품 안에 있어 본 기억은 별로 없다. 엄마는 항상 바빴기 때문이다. 그 많은 대가족의 삼시 세끼는 물론, 오전·오후 두 번의 새참과 모든 집안일이 오롯이 엄마의 몫이었다. 집안 행사도 어찌나 많은지…. 거의 월례 행사처럼 친척들까지 자주 모이다 보니, 나는 자연스럽게 가족 안에서 위계질서에 대해 배우게 되었다.

부모님은 이런 가족 체계를 당연하게 받아들이셔서, 자녀교육에서도 '예의와 질서'를 강조하셨다. 어른을 공경하는 것은 당연하거니와, 부모 자녀 간, 부부간, 형제자매 간에도 예의를 갖추어야 하고, 질서를 지켜야 한다고 가르치셨다. 부모 자녀 간에 있어서 부모님은 항상 우리와 어느 정도의 거리를 두셨다. 부모님이 편하게 느껴져서 몇 번 말이 편하게 나올 때가 있었는데, 그럴 때면 화기애애한 분위기였음에도 부모님은 즉시 '부모는 너희의 친구가 아님'을 가르치셨다. 부부간에 있어서도 엄마는 항상 아빠를 우선으로 두고 사셨다. 우리 집은 모든 것이 아빠를 중심으로 돌아갔다. 아빠의 식기와 수저는 정해져 있었고, 아빠보다 먼저 식사를 할 수 없었고, 아빠와 함께 있는 공간에서는 함부로 누워 있어서도 안 됐다. 부부싸움을 한 다음 날에도 엄마는 매끼마다 새 밥과 새 국으로 아빠의 식사를 차리셨다. 그리고 항상 말씀하셨다.

"애들아, 아빠한테 잘해야 해. 아빠가 계시니 너희가 있는 거야."

형제자매 간에 있어서 첫째인 나는 곧 부모님을 대신하는 존재였다. 그래서 늘 책임감을 느끼며 모범적인 생활을 하고, 동생들을 자식처럼 사랑하라고 가르치셨다. 동생들에게는 나를 부모님 대하듯 잘 따르라고 가르치셨다.

이런 성장 배경으로 인해 자라면서 '애늙은이' 또는 '시대에 안 맞는 보수적인 사람'이라는 말을 많이 들었다. 가정에서 배운 것을 사회에 나와 적용하니, 어느새 '시대를 역행하며 사는 사람'이 되어 있었다. 실제로 내가 사는 모습을 보고 "지금이 어느 때인데, 누가 이렇게 살아? 이렇게 살면 네 인생도, 너도 없어져"라는 식의 적지 않은 충고와 조언을 해 준 사람도 있었다. 그들의 생각이 이해가 안 되는 것은 아니다. 개인의 자유와 양성평등을 중요시하는 사회의 흐름 속에서 나는 마치 타인에 의해 움직이고, 양성 불평등의 편에 서 있는 것처럼 보일 수도 있기 때문이다.

나는 다년간 노인과 관련된 일을 했다. 현세대가 '보수'라고 표현하는 삶을 사신 어르신들을 많이 만났고, 그분들의 인생 이야기를 하나하나 들었다. 때론 눈물 없이 들을 수 없는 이야기들도 있었다. 그럼에도 불구하고 대다수 어르신들의 이야기 결론은 "그래도 잘 살았다"였다.

어르신들의 삶을 요약하면 '희생, 헌신'이었다. 내 인생이 없어진 것처럼 사셨는데, 아이러니하게도 "이렇게 사니, 내 자식들이 행복하네. 그래서 나도 행복해. 그래서 잘 살았어"라고 말씀하신다. 어르신들이 희생과 헌신으로 삶을 치열하게 사셨기 때문에, 새로운 가정이 태어나고 나아가 지금 세대가 있을 수 있었다.

현재 난 결혼을 했고, 두 아이의 엄마가 되었고, 사모가 되었다. 나는 '보수'라는 말이 더는 부정적으로 들리지 않는다. 그 말이 어르신들이 사셨던 '희생과 헌신의 삶'으로 바뀌어서 들린다. 결과적으로 나는 '보수'라고 표현되는 이 옷이 편하고 잘 맞는다. 부모님과 앞선 세대의 가르침대로 사는 지금을 행복하게 살고 있다.

남편의 갈빗대

"슬아야, 너는 내 딸이기도 하지만, 결혼하면 시부모님을 잘 섬기고 남편에게 최선을 다해야 해. 남편 아침밥은 꼭 챙겨 주고, 남편이 바깥일 잘할 수 있도록 집에서는 편하게 해 줘야 해. 그게 네 역할이야."

성경을 읽으면 성경이 낯설지 않다. 살면서 부모님이 가르쳐 주신 것과 성경에 쓰인 하나님의 질서가 매우 비슷하게 느껴지기 때문이다.

창세기에는 나의 창조 목적이 적혀 있다. 나는 하나님의 형상대로 창조된 하나님의 피조물이고, 남편 '아담'을 위해 '아담의 갈빗대'로 지으셨다. 남편과 나를 피조물로 동등하게 만드셨지만, 나를 남편의 '돕는 자'로 부르셨다. 이는 "네 역할은 네 남편을 잘 도와주고 잘 섬겨야 하는 거야"라는 부모님의 가르침과 같았다. 그래서 남편을 돕는 자로서 내가 해야 할 일들이 구체적으로 무엇인지 고민했다. 결론은 '엄마처럼'이었다. 엄마가 아빠를 위해 했던 내조를 기억하며, 남편에게 하나씩 하기로 했다.

에베소서에는 '아내의 역할'에 대해 쓰여 있는데, 5장에는 구체적으로 '남편에게 복종하고, 남편을 존경하라'라고 나와 있다. 하나님은 내가 주께 하듯이 남편에게 복종하고, 남편이 어떠하든 존경하기를 원하신다. 이 부분이 참으로 어려웠다. 평신도였을 때 보았던 목사님들과 전도사님들은 늘 친절했고, 믿음이 좋아 보였고, 화도 한 번 내지 않는 천사처럼 보였다. 그래서 그런 목회자 남편을 둔 사모님들은 정말 행복할 것 같았다. 부부싸움 하나 없는 천국 같은 결혼 생활을 하실 것 같았다.

그렇게 난 목회자 남편에 대한 환상과 로망을 갖고 결혼을 했다. 내 남편도 교회에서 보았던 모습처럼 집에서도 친절하고, 절대 화도 내지 않고, 힘든 일이 있으면 바로 믿음으로 이겨낼 줄 알았다. 그런 나의 환상과 로망은 결혼하고 얼마 채 지나지 않아 깨져 버렸다. 남편은 나와 똑같은 사람이었다. 나처럼 화도 내고, 어려운 일이 생기면 힘들어하기도 했다. '목회자라면서 이래도 되는 건가요?'라는 원망 섞인 기도를 하게 한 적도 있었다. 그런데 하나님은 점차 나의 눈을 바꾸어 주셨다. 남편의 인간적인 모습을 보면서, 완벽한 사람이 아니라 연약한 사람을 들어 사용하시는 하나님의 은혜를 깨닫게 되었다. 오히려 어려운 상황 앞에서도 치열하게 믿음으로 살아 내는 남편의 순종이 보이고, 모든 단점을 덮어 버리는 남편의 장점들이 더 크게 보이기 시작했다. "여보, 너무 잘생겼다", "여보, 목소리가 너무 좋다", "여보, 너무 지혜로운 생각이다." 이런 칭찬들이 입에서 저절로 나올 정도였다. 하나님은 남편의 연약한 점은 기도하게 해 주셨다. "주님, 남편의 이런 점이 속상합니다. 바꿔 주실 거죠?" 그리고 잔소리 대신 믿음으로 "남편, 존경해" 라고 말했더니, 믿고 선포한 대로 지금은 정말 존경스러운 남편이 되었다.

나는 매 순간 '나는 남편의 갈빗대'라는 것을 되새긴다. 내가 하는 일 혹은 내가 하고 싶은 일이 남편에게 도움이 되지 않는다면 굳이 하지 않는다. 가능한 모는 일에 있어 내가 결정하기보다 남편의 의견을 먼저 구하고, 남편의 결정을 따른다. 내 생각과 다를지라도 "당신 말이 맞네"라고며 지지하고 인정한다. 잠들기 전에는 가족 모두가 남편에게 인사를 하고, 기도를 받는다. 이는 자칫 '가부장적'으로 비추어질 수 있으나, 절대 '가부장적'이 될 수 없다. 왜냐하면 남편을 돕는 역할 중의 하나가 바로, '남편이 하나님을 바로 믿고, 모든 일에 있어 하나님께 방법을 구하고, 하나님의 말씀대로 결정을 내리도록 하는 것'이기 때문이다. 그래서 난 남편이 하나님과의 관계를 최우선에 두도록 물심양면으로 돕고 있다.

자녀들은 부모의 말에 따르고, 아내는 남편의 말에 따르고, 남편은 하나님의 말씀을 따르면 '가부장적' 가정이 아니라 '성경적 가정, 곧 작은 천국을 이루는 가정'이 된다.

남편의 목회

청년부 시절, 교회에서 제자훈련을 받고 나면 밤 11시였다. 어느 날, 제자훈련이 끝나고 우연히 목사님의 휴대전화가 울리는 걸 보았다. '오늘도 늦게 들어오지?' 사모님의 문자 메시지였다. 당시 사모님은 가족도 하나 없는 대전에서 신생아를 포함하여, 아이 두 명을 홀로 돌보고 계셨다. 그 문자를 보면서 '사모님 참 힘드시겠다'라는 생각을 했었다. 그런데 얼마 지나지 않아 그 이야기가 내 이야기가 되었다.

남편은 교회 사역과 함께 하루도 쉬지 않고 일을 하고 있다. 남편이 열심히 사는 것에 대해 감사했고, 그런 남편을 누구보다도 응원했다. 하지만 시간이 갈수록 점차 남편에게 바라는 것들이 생겼다. "누구 네는 주말에 가족끼리 어디를 갔대. 누구 네는 가족 여행을 갔대." 언제부턴가 주변으로부터 들리지 않던 말들이 들리기 시작했고, '우리도 남들처럼 주말에 어디 놀러도 가고 하면 얼마나 좋을까?' 하는 마음에 서럽기도 했다. 그래서 남편이 모든 일을 마치고 집에 들어오면 원망 섞인 푸념을 늘어놓은 적도 있었다. 그러던 어느 날, 하나님은 내가 하나님께 올려 드렸던 기도가 떠오르게 하셨다.

대체로 사모가 되는 이유로는 크게 두 가지가 있다. '사모가 되기 위해 목회자와 결혼하는 것'과 '목회자인 사람과 결혼해서 사모가 된 것'이다. 나는 전자의 경우이다. 나는 사모가 되고 싶어서 지금의 남편을 소개받았다. 남편과 교제하기 전에 기도했는데, 하나님은 그동안 만난 사모님들이 어떻게 사셨는지 떠올리게 하셨다. 그리고는 '슬아야, 그럼에도 불구하고 이 사모의 길을 나와 함께 가 주겠니?'라고 물어보시는 것만 같았다. 나는 눈물 콧물을 쏟으며 전심을 다 해 "하나님, 제가 사모가 되겠습니다"라고 기도하고 진지하게 남편과 교제를 시작했다. 그런데 하나님께 올려 드린 기도, 사모로서의 부르심을 그만 잊어버리고 말았던 것이다. 남편이 가정에 더욱 전념하길 바라는 마음이 커지면서, 그저 남편을 교회에서 일하는 사람, 교회가 하나의 일터인 사람으로 여겼다. 남편이 하나님의 부르심을 받은 하나님의 종임을 잊어버렸다.

남편의 사명은 목회이다. 남편에게는 교회 일이 우선 되는 것이 마땅하고, 주말은 교회와 성도를 위한 날이어야 한다. 가정에만 집중할 수 없다. 주말에 시간을 내어 아이들과 놀아 줄 수 없다. 나는 그런 남편의 목회를 돕는 사모이다. 내 역할은 남편이 목회에 집중할 수 있도록 전적으로 돕는 것이다. 이것이 나의 첫 번째 사명이다. 이것을 깨닫고 난 남편을 나의 목회자로 인정했다. 남편의 말을 나에게 영의 양식을 주는 목회자의 말로 들었고, 남편이 목회에 더 집중할 수 있도록 집에서는 최대한 쉼을 누릴 수 있게 도왔다.

남편이 가족들과 함께 더 시간을 보내고, 집안일과 육아에 집중해 주면 물론 좋을 것이다. 남편과 함께하고 싶은 순간도 많고, 가고 싶은 곳도 많다. 하지만 '그 시간에 한 성도를 더 돌볼 수 있다면, 그 시간에 교회를 위해 좀 더 기도할 수 있다면…'하는 마음이 생겼다. 그래서 최대한 남편에게 혼자만의 자리를 마련해 주거나 교회에서 시간을 보낼 수 있게 한다.

처음에는 쉽지 않았지만 나는 조금씩 남편의 목회를 돕는 사모로 사는 감사와 기쁨을 느끼고 있다. 남편의 설교와 찬양을 통해, 남편의 사역을 통해, 남편의 헌신을 통해 한 영혼이 살아나는 것을 눈으로 볼 때, 얼마나 감사하고 기쁜지 모르겠다. 그래서 난 전보다 더 기쁜 마음으로 이렇게 기도한다.

"하나님, 남편은 제 것이 아닙니다. 남편은 하나님의 것입니다. 이를 날마다 인정하고 싶습니다. 남편이 가정 중심적인 남편이기보다 성도 중심적인 남편이 되길 원합니다. 그런 남편과 함께 하나님의 일을 하며 세월을 보내고 싶습니다."

아이 둘, 나의 첫 영혼

'사모가 되면 어떨까?'

사모가 되기 전에 사모로서의 삶을 머릿속에 종종 그려 보곤 했다. 대부분은 남편과 함께 예배를 준비하고, 성도를 돌보고, 함께 양육하는 그림들이었다. 그런 그림을 그릴 때면 설렘과 기대감이 마음 한구석에 가득 차올랐다. 하지만 안타깝게도 현실은 마음에 그리던 것과 달랐다. 나의 주된 일은 교회 사역이 아니라 어지럽혀진 집안을 치우는 일이었고, 남편과 아이들의 밥을 차리는 일이었다. 말끔하게 차려입고 교회에 미리 가서 예배를 준비하기는커녕 화장 하나 제대로 하지 못하고 머리도 풀어헤친 채, 정신없이 아이 둘을 데리고 예배 시간에 맞추어 허겁지겁 도착하기 바빴다.

집안일과 육아는 마치 끝이 없는 '뫼비우스의 띠'와 같았다. 아침에 했던 일을 저녁에도 하고 있고, 어제 했던 일을 오늘도 해야 했다. 그러나 집안일과 육아는 매일매일 아무리 열심히 해도, 열심히 한 만큼 눈에 띄게 보이는 결과물이 없었다. 다음 날이면 다시 제자리로 돌아갔다. 집안일과 육아가 전부인 반복적인 일상에 살다 보니, 문득 '내가 이러려고 결혼한 건가? 내가 사모가 맞나?'라는 생각까지 들 때도 있었다. 교회 생활도 마찬가지였다. 나에게 있어 성전에서의 예배는 너무나 당연한 일이었다. 그런데 생각지도 못했던 경우의 수들은 당연했던 것이 당연한 게 아니게 했다. 아이의 컨디션에 따라 집에서 예배를 드려야 할 때도 있었고, 교회에 가서도 유아실에서만 예배를 드릴 수 있었다. 또 예배 후 교회에 남아서 성도들과 좀 더 교제하고 봉사하고 싶은 마음과는 다르게 아이의 수면 시간에 이끌려 집으로 돌아갔던 적이 한두 번이 아니었다. 내가 꿈꾸던 그림 근처에는 가 보지도 못하고, 현실에 전전긍긍하는 내 모습이 참 서글펐다.

하나님의 계획하심이었을까? 집 안에서 홀로 육아하며 서글픈 마음에 사로잡혀 있는데, 마침 SNS를 통해 '자녀를 위한 성경 읽기 모임'을 알게 되어 참여하게 되었다. 이 모임에는 나와 같은 처지인 사모님들과 엄마들이 많이 있었다. 우리는 함께 정한 분량에 따라 자녀들에게 말씀을 읽어 주고, 묵상을 나누었다. 이 모임을 통해 나에게 찾아온 몇 가지 변화가 있다. 먼저는 나만 겪고 있는 어려움인 줄 알았던 많은 상황들을, 많은 사람들 역시 많이 겪고 있다는 것이었다. 덕분에 같은 힘듦을 겪고 있거나 겪었던 사람들에게 진심 어린 위로를 받을 수 있었다. 이 시간은 결국 지나갈 것이고, 어쩌면 언젠가는 그리워 하게 될지도 모를 귀중한 시간임을 깨달았다. 또 나는 단지 아 이에게 내가 말씀을 들려주기만 하는 것인 줄 알았는데, 어느 새 내가 예배를 드리는 마음으로 말씀을 읽고 있었다. 아이와 함께 집에서 드리는 이 말씀 읽기 시간을 하나님이 예배로 받 으시는 것 같았다.

아이에게 말씀 읽어 주기는 지금까지도 계속 지속하고 있 는데, 그래서일까? 어느 날부터 아이가 복음을 선포하고 예수 님에 관해서 이야기하고 있었다. 첫째 아이가 동생에게 예수님 이야기를 해 준다.

"하진아~ 예수님이 십자가에서 돌아가셨어. 예수님이 다시 살아 나셨어!"

육아가 힘들었던 이유가 눈에 띄는 결과물이 없어서였는 데, 아이가 말씀 안에서 자라는 것을 눈으로 보니 말로 표현하 기 어려운 감격이 밀려들어 왔다. 그리고 마침내 사모로서 나 에게 맡겨 주신 첫 번째 영혼이 내 아이들임을 깨달았다. 아이를 말씀 안에서 잘 양육하고 돌보는 것과 교회에서 성도를 잘 양육하고 돌보는 것은 같은 일이었다. 나에게 맡겨 주신 이 아이들을 먼저 잘 양육해야 다른 영혼들도 잘 양육할 수 있었던 것이다.

결론적으로 나의 두 번째 사명은 집안을 잘 돌보는 것과 아이를 말씀 안에서 잘 양육하는 것이다. 사명을 깨달으니, 전만큼 집안일과 육아가 힘들지 않다. 내 일임을 인정하는 것을 넘어 흥미를 느끼기 시작했다. 특히나 아이들에게 말씀을 읽어 주고, 말씀을 알려 주는 일이 내게 가장 즐겁고 행복한 일이 되었다.

바라건대, 하나님이 지금 나에게 맡겨 주신 일부터 잘 감당하여, 후에 맡겨 주실 교회 사역과 영혼들을 잘 감당해내는 내가 되길 소원한다.

탈 바운더리(boundary)

심리학에서는 심리적 경계선을 '바운더리(boundary)'라고 한다. 나의 말로 바꾸어서 말하면, '나의 고유 영역'이다. 나에게는 다양한 바운더리가 존재한다. 그중에서도 나는 관계에 대한 바운더리를 중요하게 여겼고, 이 관계 바운더리는 잘 흔들리지도 않을뿐더러 매우 굳건했다. 나는 사람 사귀는 것을 좋아하고, 나의 바운더리 안으로 사람들을 쉽게 초청한다. 나는 '내 사람'들에게 일명 '최선을 다하는 편'인데, 그들의 일을 내 일처럼 여기며 도와주고, 그들의 필요를 채워 주려고 노력할 정도다. 그런 내게 이 굳건한 바운더리가 흔들리는 일이 생긴 적이 있었다.

내게는 두 살 터울의 예쁜 여동생이 있다. 나는 이 여동생을 무척이나 아끼고 사랑한다. (당시에 내 바운더리 내에서 1순위였다.) 늘 여동생을 우선으로 생각하고, 좋은 것은 하나라도 더 해 주려고 노력하다 보니, 종종 '팔불출 언니'의 대명사로 불리기도 했다. 이것은 나의 자부심이기도 했는데, 그래서 동생에

사모를 사모하다 _ 박슬아

대해서는 누구보다 내가 가장 잘 알아야 한다고 생각했던 적도 있다.

그런데 어느 날, 한 친구가 내 동생에 관한 걱정 어린 이야기를 꺼내는 것이 아닌가. 사실 여부와는 관계없이, 나보다 내 동생을 더 잘 아는 것처럼 말하는 자체가 기분이 나빠서 그날 이후로 그 친구와 거리를 두기로 했다. '나 같은 언니가 세상에 또 있을까?'라고 생각했던 나는 여동생이 나로 인해 행복한 줄 알았다. 그런데 동생은 이것을 '집착'이라고 표현했다. 이 사건은 내게 바운더리에 대해 회의감이 들게 할 정도로 꽤나 충격적인 일이었다. 결국 동생과 심도 깊은 대화를 나누고, 오랜 시간에 걸쳐서 집착하지 않는 건강한 관계가 되도록 고쳐 나갔다.

결혼 이후 내 바운더리 안에는 남편과 아이들이 새롭게 자리를 차지했다. 분명 남편과 아이들은 집착 없는 건강한 바운더리 안에 있을 거라고 생각했는데, 이 바운더리가 또 흔들리는 일이 생겼다.

여동생 때보다 더 직·간접적으로 남편과 아이에 대한 부정적인 이야기를 듣게 되었다. 이때도 나는 바운더리를 침범당했다는 생각에 기분이 상당히 불쾌했고, 굉장히 속상했다. 이 일로 몇 날 며칠이나 울면서 하나님에게 마음을 털어놓았는지 모르겠다. 그러자 하나님은 기도에 대한 응답으로 나의 바운더리를 다시 세우셨다. 그것은 내가 전혀 생각지 못했던 방법이었다.

그동안 신앙생활을 하면서 느낀 건, 사역자 또는 목회자는 암묵적 공인이라는 것이었다. 목사님이 어떤 차를 타고 다니는지, 어떤 옷을 입는지를 포함하여 목사님의 사적인 영역들은 종종 성도들에게 궁금증을 불러일으키곤 했다. 나 역시 과거에는 목사님을 연예인처럼 바라본 적이 있었다. 목사님을 연예인처럼 좋아하기도 하고, 목사님의 인간적인 면을 이해하지 못하고 부정적으로 이야기하기도 했다. 내가 그렇게 바라본 것처럼, 내 남편도 이제 그런 시선을 받는 암묵적 공인이었던 것이다.

다른 이들로부터 혹은 가까운 사람들로부터 언제든 남편에 대한 부정적인 이야기를 들을 수 있다. 어쩌면 가십거리가 될 수도 있다. 내 아이들도 마찬가지다. 목회자의 자녀라는 이유로 내 아이가 주목받을 수 있다. 내 아이가 예배를 드리는 태도, 삶을 살아가는 모습이 교회 안에서 평가될 수 있다.

하나님은 이것을 미리 알려 주셨다. 이것은 내가 남편과 아이들을 내 바운더리에 끼고 산다고 해서 막을 수 있는 일이 아니었다. 탈 바운더리가 정답이었다. 그리고 지금은 남편과 아이들이 하나님의 바운더리에 속하도록 기도하고 있다.

나아가 하나님은 남편과 아이들이 차지하고 있던 자리에 다른 사람들로 채우셨다. 내 기준과 편의대로 정해 놓은 사람들이 아니라, 나의 관심 밖에 있던 사람들, 내가 상처받아 거리를 두었던 사람들을 내 바운더리 안에 앉히셨다. 하나님은 내가 해 왔던 방식 그대로, 이들을 그저 똑같이 사랑하고 섬기기를 원하셨다. 처음에는 낯설고 두려웠지만, '사람만 바뀌었을 뿐'이라고 생각하니 그렇게 어려운 일은 아니었다. 앞으로도 하나씩 순종하며 나아가다 보면 내 바운더리 안에 하나님이 보내 주신 영혼들로 더욱 가득 차게 될 것임을 믿는다.

침묵

    나는 이야기하는 것을 좋아한다. 한때 내 별명은 재밌는 수다쟁이였다. "슬아는 이야기를 참 재밌게 한다", "슬아랑 이야기하면 참 편해"라는 칭찬도 들어 봤고, "이야기 좀 그만해!", "알았으니까 조용히 좀 해"라며 혼이 난 적도 있다. 그만큼 이야기를 참 많이 했다. 그래서인지 나는 내 이야기를 다른 사람에게 하는 것이 어렵지 않았다. 모임 중에는 얼어붙은 분위기를 깨뜨리는 자연스러운 농담도 잘하는 편이었다. 의견을 주고받는 토론의 자리도 좋아했고, 누군가에게 말로 힘을 주는 상담도 좋아해서 상담 공부도 했었다.

    말을 함으로써 선한 영향력만 끼칠 수 있다면 참 좋았을 텐데, 안타깝게도 난 그러지 못했다. 성경에는 말에 관한 말씀이 많이 적혀 있는데, 특히나 잠언을 읽으면서 나의 언어생활에 바르지 못한 부분이 많다는 것을 깨달았다.

    구체적인 사례로, 나는 누군가 나의 잘못을 지적하면 수긍하기보다 자존심이 상하는 편이었다. 만일 지적당할 일이 생기면 "제가 그렇게 행동한 데는 이유가 있습니다"라며, 나름 합리적인 이유를 들어 변명을 하곤 했다. 또 말로 다른 사람을 쉽게 정죄하고 판단했다. 누군가를 시험에 들게 했고, 심지어 상처를 준 적도 있다. 하나님의 뜻을 거스르는 말도 참 많이 했고, 말하고 나서 '말하지 말걸…' 하며 후회한 적도 한두 번이 아니었다. 돌이켜 보니, 말하기보다 말하지 않았더라면 얻었을 유익이 더 컸을 때가 많았다.

누구나 말하고 싶은 욕구는 있을 것이다. 그런데 나의 이야기를 잠시 멈추고 다른 사람이 충분히 이야기할 수 있도록 한걸음 물러 서 있을 때, 모임의 분위기가 더 좋아지고 활력이 생기는 것을 볼 수 있었다. 상담할 때도 "난 당신을 이해한다. 나도 안다"라고 섣부르게 말하기보다 그저 들어주고 공감해 주는 것만으로도 문제가 해결된 적이 많았다. 변명보다 솔직함을 택했을 때, 오히려 오해가 안 생기고 일이 커지지 않았다. 나의 억울함을 굳이 이야기하지 않아도 후에 누군가를 통해 억울함이 풀리기도 했다.

무엇보다 말하지 않을 때의 가장 큰 유익은 '침묵을 통해 비로소 하나님의 뜻을 구할 수 있게 된다'라는 것이다. 성급하게 말을 할 때는 내 주관과 경험이 우선이 되어 하나님의 뜻에 맞는 말을 하기가 어렵다. 반면 침묵을 택하고, 인내하고 기다

112

사모들의 속마음

리면 하나님은 하나님의 방식대로 일을 풀어 나가도록 우리를 인도하신다. 지금도 이것을 경험하고 있다.

사모가 되니 말 한마디가 더욱 조심스러워졌다. 사역자의 말 한마디에 성도가 시험에 드는 일이 생기기도 하고, 교회 안에 갈등이 빚어지는 일들을 직간접적으로 보고 경험하면서 그 중요성을 잘 알게 되었다. 나는 사모다. 나의 말 한마디로 성도를 상처받게 하거나, 교회 내에 분란이 일어나게 하거나, 무엇보다 남편의 목회를 방해해서는 안 된다.

이것을 머리로는 잘 알지만, 여전히 내 안에는 마음대로 말하고 싶은 욕구가 차고 넘친다. 그렇기 때문에 나는 하나님의 뜻에 맞도록 말하는 연습, 다른 사람에게 유익이 되는 말을 하는 연습을 하고 있다. 구체적으로 '어떻게 하면 지혜롭게 말할 수 있을까? 어떤 말이 사람을 세우고 살리는 말인가?'를 공부하면서 실생활에 적용하며 연습하고 있다. 무엇보다 어떠한 상황을 만나든 침묵이라는 선택지를 가장 우선적으로 택한다. 좋은 말이었음에도 불구하고 나의 말 한마디로 인해 공동체 내에 편 가르기가 일어날 뻔한 적이 있는데, 이후로 침묵의 중요성을 깨닫게 되었다. 이것이 내가 사모로서 받는 첫 번째 훈련이다.

내가 하고 싶은 걸 하지 않는 훈련은 쉽지 않다. 그러나 이

훈련을 마치고 나면, 하나님은 '모임을 잘 이끌고, 상담을 잘해 주는' 나의 말하기 능력을 잘 활용하는 기회 역시 주실 것이다. 단지 지금은 다듬어져 가는 과정에 있을 뿐이다. 추후의 쓰임 받을 내 모습을 기대하며 오늘도 나는 말하기 연습을 하고 인내와 침묵을 연습한다.

인정 욕구

우리 부모님은 낯간지러운 표현을 잘못하셨다. 특히나 "우리 딸, 사랑해 고마워"라는 말을 어색해하셨다. 우회적인 사랑의 표현이었을까? 부모님은 낯간지러운 말보다 칭찬하기를 좋아하셨다. "우리 딸, 잘하네!" 이 말은 듣고 또 들어도 참 듣기 좋은 말이었다.

모범적이어야만 한다는 장녀의 책임과 더불어 부모님의 애정 어린 표현이 듣고 싶었던 나는 칭찬을 들을 수 있는 일이라면 뭐든지 열심히 했다. 마치 '열심'이 성격이 되어 버린 것처럼, 성인이 되어서도 나는 맡은 일에 늘 최선을 다했다. 열심히 노력한 만큼 결과도 좋아서 칭찬을 많이 받았다. 더 많은 칭찬을 받기 위해 나는 내 한계에 도전하는 일들을 많이 했다.

그런데 그렇게 나를 성장시키던 칭찬이 언제부턴가 역효과를 불러일으켰다. 마땅히 칭찬받아야 하는 상황임에도 불구하고 칭찬을 받지 못하면 극도로 긴장하게 되었고, 심지어 불안하기까지 했다. '내가 뭘 잘못해서 그런 걸까?' 원하는 만큼의 칭찬이 들리지 않게 되자 결핍이 드러나기 시작했다. 칭찬의 부재는 계속해서 더 인정받고자 하는 강한 욕구를 만들어 냈다. 다시 인정받으면 '역시, 나야! 이것 봐, 결국 해냈잖아. 나 없이는 안 될걸?'이라는 우월감에 빠지게 했다. 결국 나의 삶과 신앙에 적신호가 켜졌다.

게리 체프먼의 《5가지 사랑의 언어》를 읽다가, 나는 '인정하는 말'로 사랑을 느낀다는 걸 알게 되었다. 부모님의 칭찬을 사랑의 언어로 들었던 나는, 어느새 '인정하는 말'로 사랑을 확인받고 싶어 했다. 인정과 사랑이 동격이 되어 인정을 받으면 사랑받는 것으로 느꼈고, 인정받지 못하면 사랑을 받지 못한다고 느꼈다.

신앙에 있어서도 마찬가지였다. 나에게 맡겨진 교회 사역뿐만 아니라 하나님만 하실 수 있는 일도 내 의지와 노력으로 충분히 해낼 수 있다고 확신했던 것 같다. 그러나 분명 나는 하나님이 아니지 않은가? 나도 실수하기도 하고 실패하기도 하는, 연약하고 부족한 점도 있는 한 인간에 불과했다. 그런데 그것을 인정하고 싶지가 않았다. 그것을 인정하면 이상하게 자존심이 상할 뿐만 아니라 자괴감마저 들었다. 그래서 "슬아야, 너 왜 이것밖에 못 해?"라며 자신을 치고 또 치기를 반복했다. 다른 사람을 대하는 태도도 부정적으로 바뀌었다. 다른 사람들의 행동을 내 기준대로 판단했다. 심지어 '왜 그것밖에 안 하지? 나는 하잖아'라는 잘못된 생각으로 비롯된 행동이 공동체에도 부정적인 영향을 끼쳤다.

그러던 어느 날 복음서를 읽는데, 그 말씀이 나의 삶을 비추었다. 말씀을 읽는 내내 예수님이 지금의 나를 정확하게 간파하시고 말씀하시는 것 같았다. 말씀에 비추어진 나의 모습은 사람들의 인정받기를 갈구하고, 율법적이며, 나의 의로 가득 찬 바리새인과 같은 모습이었다. 예수님은 내가 지고 있는 모든 짐을 내려놓으라 말씀하셨고, 이에 순종했을 때 비로소 나는 처음으로 복음이 주는 자유를 누리게 되었다. 내 삶은 내 의로 된 것이 하나도 없었다. 전부 하나님의 의로 된 것이었는데, 애석하게도 나는 모든 것을 내 의로 이루었다고 착각하고 있었던 것이다. 하나님의 은혜로 이것을 깨달은 후 나는 조금씩 바뀌기 시작했다. 이제는 사람에게 인정받기보다 하나님에게 인정받기를 원한다. 아무리 내가 잘하는 일이라도 공동체에 유익이 되지 않는다면 하지 않으려고 한다.

인정 욕구를 내려놓는 일은 여전히 현재 진행형이다. 그토록 바라던 '사모'라는 호칭을 들으니, '사모'로서 인정받고 싶은 욕구가 불쑥불쑥 튀어나온다. 하나씩 바뀌는 이 과정이 쉽지만은 않지만, 하나님이 원하시고 기뻐하시는 것이 무엇인지 알기에 나는 다시 성경을 펼친다. 하나님이심에도 불구하고 낮고 낮은 곳에 비천한 모습으로 오신 예수님을 묵상하며 나의 욕구를 잠재운다. 이것이 내가 사모로서 받는 두 번째 훈련이다.

사모상(師母像)

정확히 언제부터 사모가 되고 싶었는지는 모르겠다. 유치원 다닐 적 친구들의 꿈은 대부분 '유치원 선생님'이었다. 그 나이 때 아이들의 시선에는 유치원 선생님이 가장 좋고, 좋아 보였기 때문일 것이다. 반면 내게는 '영적 엄마'와 같은 사모님이 계신데, 아마도 오랜 시간 사모님과 함께 지내다 보니 자연스럽게 사모님 같은 사모가 되고 싶었던 것 같다.

사모님을 처음 만난 건 지금으로부터 20년 전이다. 초등학교 고학년 때쯤 옆 동네 교회가 아주 재밌다는 소문을 들었다. 대전에서 전도사님과 사모님이 그 교회로 오셨다는데, 재밌는 걸 많이 해 주신다는 것이었다. 그렇게 처음 내 발로 교회를 가 보았다. 전도사님의 첫인상은 잘 기억나지 않는데, 사모님의 첫인상은 선명하게 기억이 난다. 고생 하나 안 하신 분처럼 피부가 깨끗하셨고, 도시에서만 사실 것처럼 고급스럽게 생기셨었다. 난 어린 나이였음에도 '이분이 이런 시골에서 살 수 있으실까?' 하는 걱정을 했을 정도였다. 당시 전도사님과 사모님은 시골에서 쉽게 접할 수 없던 것들을 경험하게 해 주셨다. 동네 아이들을 데리고 놀이동산에도 데리고 가 주시고, 선물도 많이 해 주셨다. 그쯤 나는 인생 격동의 시기, 사춘기가 남들보다 이르고 격하게 찾아왔다. 집이나 학교에서는 물론, 교회에서도 잘못된 행동을 서슴지 않게 하였고, 점차 사람들에게 불편한 존재가 되어 갔다. 그래서 모두 무관심이 답이라며 멀리했는데, 유일하게 사모님만 나에게 지속적인 관심을 보이셨다. 찾아오지 말라고 소리를 지르고 심지어 욕까지 했는데도 매번 나를 찾아오셨다. 교회에 나가서 예배를 방해해도 "예배에 젖게 되어 있다"라며 예배에 함께하자고 하셨다. 심지어 전도사님이 목사 안수를 받던 날에도 도무지 걷잡을 수 없는 나를, 모두가 반대하는데도 '당연히 성도'라고 하시며 안수식에 데리고 가셨다. 그곳에서도 정말 많은 사고를 쳤다(실제로, "그때 그 아이가 얘야?"라며 물어보는 사람이 있을 정도이다). 그런데도 사모님은 단 한 번도 혼을 낸 적이 없었다. 그 순간에도 사모님은 내게 상냥하게 대해 주셨다.

그렇게 난 약 1년간을 방황하다가 예수님을 인격적으로 만났다. 예수님을 만날 수 있었던 것은 사모님의 값진 희생 덕분이었다. 사모님은 남편 전도사님을 따라 편안하고 안정된 곳을 떠나서 이제껏 살아온 환경과는 전혀 반대되는 환경, 그것도 시골 중의 시골로 오셨다. 사모님은 요리를 어려워했는데도 토요일마다 음식을 해 주셨다(정말 요리를 안 해 보신 것 같았다). 초보 운전임에도 불구하고, 거리가 얼마나 멀든 시간이 얼마나 걸리든 상관없이 직접 차량 운행을 해 주셨다. 내가 어디에 있든 선물을 들고 심방해 주셨다. 고민을 이야기하면 들어주고 끝내는 것이 아니라, 내 일처럼 안아 주시고 같이 눈물을 흘려 주며, 문제가 해결될 때까지 계속 기도해 주셨다. 사모님은 나를 단순히 성도가 아니라 친자식처럼 여기셨다. 친자식처럼 품어 주셨고, 길러 주셨다. 그래서 난 사모님을 '영적 엄마'라고 부른다. 20년이 지난 지금까지도 사모님은 한결같은 모습으로 나와 함께해 주신다. 몸도 떨어져 있고 섬기는 교회도 다르지만, 여전히 사모님은 기도와 연락으로 함께해 주신다.

원하는 남편상, 아내상이 있듯이 나의 사모상(師母像)은 바로 '영적 엄마' 사모님이다. 사모가 되기로 작정한 후부터, 나는 늘 사모님을 사모상으로 정하고 사모님과 같은 사모가 되기를 기도하고 있다. 20여 년을 옆에서 지켜본 사모님은 눈물이 마르지 않는 인생을 사셨지만, 하나님 앞에서 참으로 치열하게, 누구보다 순종적으로 사셨다. 지금도 그렇게 살고 계신다.

나는 아직 사모의 길을 제대로 가 보지도 않았고, 사모님을 닮기에 인격적으로 부족한 점도 많지만, 사모님이 나에게 해 주셨던 것들을 하나씩 떠올리며 따라가다 보면 언젠가는 사모님과 같은 사모가 되어 있지 않을까.

사모를 사모하다 _ 박슬아

호칭 그 이상의 사모

요즘 우리 사회에는 세대 갈등이 빈번하게 일어난다. 당장 SNS에만 들어가도 쉽게 볼 수 있고, 밖에서 사람들을 만나도 쉽게 느껴질 정도로 세대 간의 갈등이 심각해졌다. 나는 40년을 채 살지 않았음에도 내가 어릴 때보다 세상이 많이 바뀌었고, 지금도 모든 게 급격하게 바뀌는 것을 몸소 느낀다.

"나 때는 말이야…"

부모님이 나를 키우면서 자주 하시던 말씀이다. 부모님은 자신들이 살던 세상과 내가 사는 세상이 많이 달라 걱정이 많으셨다. 그래서 '엄마, 아빠도 참! 지금이 어떤 세상인데…'라며 부모님의 우려에 공감하지 못한 적도 많았다. 이를 반면교사 삼아 나는 그러지 않을 줄 알았다. 하지만 어느덧 나이 40을 향하는 아줌마가 되고 보니, 나도 모르게 입에서 "나 때는 말이야…"라는 말이 나온다. 무의식적으로 내가 살면서 배운 가치관들이 정답이라고 생각하고, 요즘 세대는 틀렸다고 생각한 것은 아닐까? 부모님 세대의 가치관도, 내가 배운 가치관도, 지금 세대의 가치관도 맞고 틀림이 없다. '예수님은 길, 진리, 생명이 되십니다.' 이 진리 외에는 모든 문제에 명확한 답이 없기 때문이다. 무려 성경 말씀도 역사, 문화, 시대에 따라 다르게 해석된다. 교회에서도 마찬가지로 적용된다. 나는 내가 배운 가치관대로라면 예배 시에는 반드시 말끔하게 차려입고 와야 하고, 전자기기가 성경책을 대신할 수 없고, 강단은 아무나 올라갈 수 없다. 하지만 이 또한 누구에게나 적용되는 정답이 될 수는 없다.

사모를 바라보는 눈, 기대치도 각자 다르다. 어떤 사람에게는 사모는 목사와 같은 존재이고, 어떤 사람에게는 사모는 성도 중의 하나일 뿐이다. 그러나 자녀를 양육하는 데 부모가 세워 놓은 양육 방향이 있고, 목회자가 목회하는 데도 목회 방향이 있듯이, 사모도 나름대로 사모의 방향을 정해 놓아야 할 필요가 있다. 그래야 각자 다른 기대치와 눈에 흔들리지 않고, 제 역할을 잘 감당할 수 있기 때문이다.

'그렇다면 나는 구체적으로 어떤 사모가 될 것인가? 나의 사모로서의 방향은 무엇인가?' 나는 호칭 그 이상의 사모가 되고 싶다. 다시 말해, 그저 사모라고 불리는 것 이상으로 하나님이 맡겨 주신 사모의 역할에 순종하는 사모가 되고 싶다.

구체적으로 말하자면, 첫째로 '영적 엄마' 사모님은 당신의 20년의 사역에 대해 이렇게 말씀하셨다.

"이 길은 쉽지 않아요. 하나님의 일은 마치 꽁꽁 언 땅에 호미질을 계속하는 것 같아요. 쉽지 않아도 호미질을 계속하니 열매를 맺게 되네요. 나에게 슬아 사모는 값진 열매입니다."

사모님이 나에게 그러셨던 것같이 나도 한 영혼을 친자식처럼 품는 사모, 하나님이 맡겨 주신 일이 인간의 눈으로는 불가능해 보일지라도 포기하지 않고 계속 호미질하는 사모가 되고 싶다.

두 번째로 '영적 엄마' 사모님은 교회와 성도를 위해서라면 잘하는 건 내려놓으시고 못하는 건 해내셨다. 사모님은 성경 말씀을 잘 설명해 주셨다. 쉽게 이야기해 주셔서 말씀이 잘 이해되었다. 그러나 시골 어르신들은 사모님이 말씀을 가르치는 것에 대해 긍정적인 반응을 보이지 않았다. 사모님이 말씀을 가르치는 것이 잘못된 행위는 아니었지만, 성도들과 교회를 위해 할 수 있는 것을 하지 않으셨다. 또 이미 언급한 바와 같이 사모님은 요리와 운전을 못 하셨다. 그러나 사모님은 못하는 요리라도 꾸준히 하면서 성도들에게 대접해 주셨고, 운전도 꾸준히 하면서 성도들을 일일이 데려다주셨다. 나도 사모님이 하셨던 것처럼 못한다고 안 하는 것이 아니라 성도와 교회를 위해 못하는 것도 해내는 사모가 되고 싶다. 비록 지금은 피아노도 치지 못하고, 요리도 잘하지 못하고, 운전도 잘하지 못하지만, 후에 성도와 교회를 위해서라면 기꺼이 하는 사모가 되고 싶다.

세 번째로, 사모님은 남편 목사님과 늘 함께하셨지만, 목사님보다 앞서 나가지 않으셨다. 사모님은 대전에서 피부 관리 분야의 안정적인 직업을 가지고 계셨다. 그러다 하나님은 아무런 연고도 없는 시골로 목사님 가정을 부르셨고, 사모님도 이 부르심에 순종하며 안정적인 일을 접고 함께 내려오셨다. 또한 사모님은 목사님을 남편으로만 생각하지 않고 '나에게 영적 양식을 주는 나의 목사님'이라고 여기셨다. 사모님은 할 수 있는 일들이 많았다. 하지만 사모님은 늘 언제나 남편 목사님이 우선이었고, 남편 목사님을 위해서라면 사모님의 일은 차선으로 미루셨다. 우리 가정 또한 하나님이 어디로 부르실 줄 모르겠으나, 나 또한 사모님처럼 남편의 목회를 우선으로 두고, 하나님이 부르시는 곳이라면 어디든 "아멘!"으로 즉각적으로 순종하는 사모가 되고 싶다.

너는 내 것이라

나의 사춘기는 참 아팠다. 집에서는 부모님과의 관계, 학교에서는 친구들과의 관계에서 문제가 동시다발적으로 터졌다. 산 같은 문제 앞에 나는 무력감을 느꼈고, 이 세상에 나 혼자만 남겨진 듯한 공허함을 느꼈다. '나는 누구일까?', '나는 왜 사는 걸까?' 하는 질문들을 던졌지만 명확한 답을 찾지 못했다. 누구 하나 이 질문에 분명한 설명을 해 주지 못했다. 걷잡을 수 없는 괴로움에 나는 삶의 마침표를 찍고 싶었다. 부정적인 생각이 절정으로 치달을 때쯤 문득 '진짜 하나님이라는 분이 살아계시면 어떻게 되는 거지?', '죽음이 끝이 아니면 어떡하지?'라는 생각이 들었다.

그날도 어김없이 사모님의 손에 이끌려 교회에 갔다. 그날은 '특별 은사 집회'가 열린 날이었다. 어떠한 말씀도 들리지 않아 그저 멍하니 자리에 앉아만 있었는데, 기도 시간이 되자 갑자기 앞이 캄캄해지더니 뒤로 넘어가고 말았다. 그때 나는 낯설지만 따뜻하고 무거운 목소리를 들었다.

"너는 내 것이라."

내 귓가에 들리던 분명한 목소리였다. 몇 안 되는 성도 대부분이 할머니들이었기에, 나는 직감적으로 이 목소리의 주인이 하나님이라는 걸 알았다. "너는 내 것이라." 하나님의 말씀 한 마디에 내 속에 꼭꼭 감춰 두었던 울분이 터지고 말았다. 나의 정체성은 하나님의 자녀였고, 내가 사는 이유는 평생 사는 동안 하나님을 찬양하기 위함이었다.

'나는 어디에도 필요 없는 존재인 줄 알았는데 내가 하나님의 것이고, 하나님의 자녀라니…'

세상 어디에서도 느낄 수 없었던 위로와 사랑을 느낀 나는 하나님에 대한 진짜 믿음을 갖게 되었고, 삶도 신앙도 조금씩 성장하게 되었다.

올해 초, '번아웃(Burn-out)'이 찾아왔다. 하루하루 나에게 맡겨진 일을 열심히 하며 살아왔는데, 갑자기 내가 하는 모든 일이 재미없어졌다. 처음부터 '번아웃'을 느낀 것은 아니었다. 조금씩 지치기 시작하더니, 어느새 우울감으로 바뀌고, 결국에는 아무것도 하지 않는 지경까지 가 버렸다. 집은 엉망이 되었고, 아이들에게는 무서운 엄마가 되어 있었다. 꽤 긴 시간을 그렇게 보냈다. 이런 나를 가만히 지켜보던 남편은 나에게 질문을 던졌다.

"슬아야, 집안일하는 거, 애들 보는 거, 나 이렇게 챙겨 주는 거 다 좋은데, 무엇 때문에 이렇게 하는 거야? 너의 삶의 우선순위가 뭐야?"

남편의 질문을 곰곰이 생각해 보았다. 그리고 답을 찾았다. 나는 나를 잊어버리고 살았다. 나에게 주어진 아내의 역할, 엄마의 역할, 사모의 역할에 너무 몰두한 나머지 '나는 하나님의 것'이라는 정체성을 잊었던 것이었다. 하나님의 자녀임에도 하나님과의 관계를 제일 마지막에 두었던 것이 문제였다. 나는 잠시 나의 역할을 뒤로 미루고, 하나님과의 관계를 다시 최우선에 두기로 했다. 하나님의 자녀로서 예배에 힘쓰고, 기도하고, 어디에 있든 찬양하면서 시간을 보내다 보니 자연스럽게 번아웃을 극복하게 되었다. 그리고 더 이상 나의 역할이 짐이 되지 않게 되었다.

이는 사모로서의 삶에서도 똑같이 적용되는 문제일 것이다. 나는 아직 새싹 사모여서 사모로서의 번아웃은 겪어 보지 못했다. 그러나 이번 일처럼, 사모로 살 때도 언제든 '나의 정체성'을 잃어버리면 번아웃을 겪을 수도 있음을 배웠다.

앞으로 사모로 살아온 날보다 살아갈 날이 훨씬 더 많이 남아 있다. 끝까지 가 보지 않았기에 기대가 되기도 하고, 긴장이 되기도 한다. 그렇기 때문에 소망을 품는다. '사모니까 반드시 이것을 해야 해!'라는 마음가짐으로 살기보다 '나는 하나님의 자녀야. 나의 아버지 하나님이 나에게 원하시는 것은 무엇일까? 나의 아버지 하나님이 기뻐하시는 것은 무엇일까?'에 초점을 두며 살고 싶다. 그리고 지금처럼 하나님과의 관계를 최우선으로 두고, 맡겨진 일을 하나씩 하다 보면 하나님이 기뻐하시는 사모가 되어 있지 않을까?

믿음으로 아브라함은 부르심을 받았을 때에 순종하여 장래의 유업으로 받을 땅에 나아갈새 갈 바를 알지 못하고 나아갔으며 _ 히 11:8

나는 행복한 사모입니다

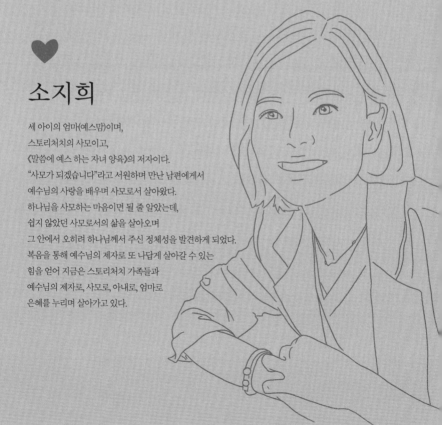

♥

소지희

세 아이의 엄마(예스맘)이며,
스토리처치의 사모이고,
《말씀에 예스 하는 자녀 양육》의 저자이다.
"사모가 되겠습니다"라고 서원하며 만난 남편에게서
예수님의 사랑을 배우며 사모로서 살아왔다.
하나님을 사모하는 마음이면 될 줄 알았는데,
쉽지 않았던 사모로서의 삶을 살아오며
그 안에서 오히려 하나님께서 주신 정체성을 발견하게 되었다.
복음을 통해 예수님의 제자로 또 나답게 살아갈 수 있는
힘을 얻어 지금은 스토리처치 가족들과
예수님의 제자로, 사모로, 아내로, 엄마로
은혜를 누리며 살아가고 있다.

결정장애가 있어요

어린 시절 나는 무엇이든 선택하는 것이 세상에서 가장 어려웠다. 선택에 대한 책임을 져야 한다는 사실이 부담스러웠고 자신이 없었다. 그래서 늘 대다수의 사람들이 가장 많이 하는 선택을 하며 살아왔다. 학창 시절에는 학생의 본분은 공부이니 공부를 열심히 했다. 다들 학원에 다니니 학원을 다니며 공부를 했다. 카멜레온처럼 보호색을 띠며 어느 공동체에 속해도 그 집단의 색을 유지하고자 무난하게 행동했다. 그래서 사람들과의 특별한 갈등 없이 잘 어울렸다. 좋은 게 좋은 것이라고 생각했고, 싫은 소리는 입으로 꺼낼 생각조차 하지 못했다.

옷도 튀지 않는 스타일을 선호했다. 원색의 옷은 절대 입지 않았다. 원색의 옷을 입으면 사람들이 모두 날 쳐다볼 것만 같아 부담스러웠기 때문이다. 나는 목소리도 작고, 체구도 작고, 심지어 자아도 작았다. 거기에 착한 아이 콤플렉스까지 장착하고 있었다. 내가 힘들어도 다른 사람을 먼저 생각하는 게 미덕이라고 여겼다. 그래서인지 모르겠지만 식당에 가서 메뉴를 정할 때도 된장찌개를 먹을지 김치찌개를 먹을지 늘 고민했다. 선택은 나에게 너무 어려운 일이었다.

지금이야 자녀를 교육할 때 자기 의견을 당당히 말할 줄 아는 아이들로 키워야 한다고 하지만, 내가 어릴 적에는 부모님의 말씀을 잘 듣고 어른들의 말씀에 순종하는 아이가 최고라고 배웠다.

배운 대로 어린 시절 나는 조용하고, 말 잘 듣는 그런 아이였다. 가끔 하고 싶은 게 있어도 참을 때가 많았다. 부모님의 눈치도 봤다. 그래야 사랑받을 수 있다고 생각했던 것 같다. 가정 형편이 넉넉하지 않았기 때문에 어떤 것을 배우고 싶어도 형편을 생각하며 쉽게 포기했다. 작은 선택을 할 때도 늘 깊이 고민을 했다.

'내가 해도 되는 것인가?',

'다른 사람에게 피해를 주는 일은 아닌가?'

나는 나를 먼저 생각하기보다 주변부터 생각하는 애 어른으로 자랐다. 이러한 생각과 습관들이 꼬리에 꼬리를 물어 결정을 어려워하는 나를 만들어 냈다. 나는 결정장애가 있었다.

지금 돌아보면 '그리 어려운 일도 아니었는데 왜 그랬을까'

하는 것들도 있다. 기억을 따라 가 보니 나는 한 번도 내가 하고 싶은 것을 마음껏 표현해 본 적이 없었다. 심지어 하고 싶은 게 무엇인지 생각해 본 적도 없었다. 마라톤을 하는데 결승점이 어디인지도 안보고 그냥 무작정 달리기만 하는 사람처럼. 그래서 '내가 하고 싶은 게 뭐지?', '내가 잘 할 수 있는 게 뭐지?', '나는 무엇을 하며 이 세상을 살아가야 하지?'와 같은 정체성에 관련된 질문들이 내게 찾아올 때면 늘 마음이 어려웠다.

우유부단함의 끝을 달리며 살고 있었는데 내 인생에 한 줄기 빛이 임했다. 예수님이 찾아오신 것이다. 어려서부터 예수님을 믿었지만, 믿었다기보다는 교회만 다녔다는 표현이 더 정확한 듯 하다. 신앙생활이 아니라 종교생활을 했다. 그런데 예수님을 만났다. 예수님과의 인격적인 만남이 있기 전에는 여전히 결정장애와 소심한 성격, 눈치 보는 아이로 머물러 있었다. 그런데 예수님을 인격적으로 만나자 나는 단숨에 변했다. 목소리도 작고 말도 별로 없었던 내가 또렷한 목소리와 똘망똘망한 눈으로 하나님을 전하기 시작했고 의사 표현을 하기 시작했다. 수동적이던 사람이 삶을 주도적으로 밀고 나가는 모습을 보고 주변 사람들이 제일 먼저 놀랐다. 성령님이 임하시니 능력이 나타났다.

내가 변할 수 있었던 이유는 단 한 가지였다. 성경을 읽고 기도를 드리며 "성령 하나님이 내 안에 계시다"라는 믿음이 가득해지자 두려울 게 없어졌다. '제자들이 마가의 다락방에서 성령을 받고 나서 복음을 전할 때 담대하게 전할 수 있었던 이유가 이거구나'라는 생각이 들었다. 내 선택이 행여 잘못되더라도 나는 실패한 사람이 아니고, 다시 하나님 앞에 바른 선택을 할 수 있도록 도움을 요청하면 도와주신다는 믿음이 생기니 두려움이 사라졌다.

우유부단함과 결정장애의 끝판왕이었던 내가 변하다니! 내면에 자신감을 불어 넣어 주신 하나님 덕분이었다. 역시 하나님의 말씀에는 능력이 있음을 직접 체험했다. 누구도 고칠 수 없었던 나의 결정장애는 하나님이 그렇게 고쳐 주셨다. 23살, 인생에 가장 어려운 순간에 하나님은 내 삶에 직접 찾아오셔서 한 줄기 빛이 되어 주셨다. 하나님께 묻고 순종하는 삶을 살자, 나의 삶은 변화되었다.

뭣도 모르고 덤빈 것이 은혜였다

'내가 잘할 수 있는 일이 뭐지?', '하나님은 왜 날 이 세상에 만드셨을까?' 학창 시절부터 세 아이를 낳아 기를 때까지 이 질문에 답을 내리지 못했다. 고등학교 때 자주 들었던 18번 찬양이 〈하나님은 실수하지 않으신다네〉였다. 찬양의 가사를 보면 차츰차츰 안개가 걷힌다고 하는데, 아무리 애를 써도 내 삶의 안개는 걷히지 않았다. 도무지 내가 정말 잘하고 좋아하는 일이 무엇인지 알 수가 없어서 머리가 아팠다. 어떤 직업을 가져야 할지도 모르겠고, 대학은 가야 하는데 방향을 정하기가 너무 어려웠다. 결국 수능 성적에 맞추어 대학교에 진학했다. 교육학과를 가게 되었고, 한 번도 생각해 본 적 없던 교사의 길을 준비하게 되었다. 그러나 〈교육심리학〉이라는 과목을 배우면서 지금까지 자라 오면서의 나를 알아갈 수 있어서 유익했던 것을 제외하고는 별 다른 흥미를 느끼지 못했다. 그래도 성실하게 학과 공부를 이수했다. 편입도 재수도 자신이 없었기 때문이었다. 그게 내가 할 수 있는 최선이었다. 그렇게 매 순간 수동적 선택을 하던 나에게 큰 결심을 이야기하는 날이 찾아왔다.

"주님, 저 사모가 되고 싶어요. 사모가 될게요."

스물네 살이 되어 참석했던 "주바라기 선교 캠프"에서 기도를 드리던 중에 나온 서원 기도였다.

내가 예수님을 인격적으로 만나게 된 데는 어떤 계기가 있었다. 바로 첫 연애의 아픔 때문이었다. 스무 살에 시작한 첫 연애는 내게 너무 큰 짐이고 아픔이었다. 이후 다시는 연애를 하고 싶지 않다는 생각까지 했었다. 다행히 주님은 내 상처를 어루만져 주셨다. 삶이 너무 힘들어서 예수님을 찾았는데 주님은 그때 나를 만나 주셨고, 사도 바울이 예수님을 만난 후 삶이 변했듯 내 삶도 한 순간에 달라졌다. 예수님을 인격적으로 만난 스물세 살, 그때가 내 인생의 터닝 포인트였다.

"다시 연애를 한다면 하나님이 예비해 주신 배우자를 만나고 싶어요."

이게 당시 나의 간절한 기도 제목이었다. 단 한 번 연애한 것뿐이었는데 어찌나 힘이 들던지. 두 번째 연애를 한다면 결혼할 배우자를 만나고 싶었다. 여러 남자를 만나면서 불필요한 시간과 에너지를 낭비하고 싶지 않았다. 그래서 어린 나이였음에도 불구하고 배우자 기도를 드리기 시작했다. 그리고 신기하게도 사모로 서원하는 기도를 드린 지 얼마 지나지 않아 지금 남편과의 연애가 시작되었다. 꽃 피는 봄과 함께 내 인생의 봄도 찾아왔다.

남편은 개척 교회 목사님의 아들이자 신학생이었다. 그것도 가난한 개척 교회의 목사님 아들이자 신학생. 그런 이유로 만나기 어려웠던 것은 아니었다. 다만 내가 하나님을 인격적으로 만날 수 있도록 도와주신 존경하는 목사님의 아들이라는 점 때문에 고민이 되었다. 그래서 "주님, 이 사람이 제 배우자가 맞나요?"라고 더 고민하며 기도드렸다. 그러던 중 몇 개월 전 하나님께 드렸던 서원 기도가 떠올랐다. 그래도 남편과 함께 더 기도하며 서로가 하나님이 예비하신 배우자가 맞는지에 대한 응답을 기다렸다. 그리고 우리는 이미 응답을 받고 우리가 찾아오기만을 기다리고 계셨던 남자친구의 아버지이자 목사님에게 '함께 기도 중'임을 말씀을 드렸다. 고민하는 나에게 목사님은 "만난다고 다 결혼하는 거 아니야. 조선 시대 사람도 아니고 한번 만나봐!"라고 편하게 이야기해 주셨다. 그렇게 남편과의 연애가 시작되었다.

우리 집은 신앙의 뼈대가 있는 믿음의 가정이 아니었다. 아빠는 예수님을 믿지 않으셨고, 심지어는 예수님을 싫어하기까지 하셨다. 그래서 엄마와 언니, 나, 이렇게 세 사람만 교회를 다녔다. 남동생도 처음엔 함께 교회를 다녔었지만 중간에 실족하고 말았다. 친척 중에도 예수님을 믿는 분이 없었다. 그러다 보니 '사모가 어떤 삶을 사는지' 나는 잘 알지 못했다. 잘 모르겠지만 왠지 모르게 사모가 된다는 것에 덜컥 겁이 나서 예수님께 물었다. "예수님, 사모로 살아가는 건 힘들 것 같은데 제가 잘할 수 있을까요? 좀 자신이 없어요"라고 말하니, 예수님은 마음에 이런 감동을 주셨다.

"나를 사모하는 마음이 큰 사람들이 사모란다. 네 마음이면 충분하단다."

'네 마음이면 충분하다'라고 하신 예수님의 음성은 내게 굉장히 큰 위로이자 인정이며 격려의 메시지로 다가왔다. 그래서 결심했다. "예수님을 사모하는 마음이 크면 할 수 있다고 하시니… 주님, 저 한번 해 볼게요." 그렇게 가난한 신학생 남편과의 연애가 시작되었다. 지금 생각하면 뭣도 모르고 덤빈 것이 은혜였다.

5cm만 떨어져 있어 줄래요?

남편과의 첫 데이트를 아직도 잊을 수가 없다. 서로 교제하기로 이야기하고 첫 데이트를 교회 앞 롯데리아에서 했다. 햄버거를 먹고 교회로 올라가는 길에 남편이 내 손을 잡았다. 얼굴은 웃고 있었지만 손에 땀이 줄줄 흐르고 있었다. '이 사람 정말 떨리나보다.' 단번에 알아차렸다.

"오빠, 손에 땀이 너무 많이 나요."

땀인지 물인지 알 수 없을 정도로 흥건히 젖어 있는 손을 닦아 주며 교회로 향했다. 그리고 알았다. 순수한 이 남자의 마음을….

매일 저녁 예배를 드렸던 교회에서 공개 연애를 시작했다. 예비 시아버지, 시어머니, 시누이가 있는 교회에서 말이다. 그런데 시월드라고 느껴지지는 않았다. 아빠, 엄마, 언니처럼 편하게 대해 주셔서 부담이 그리 많이 되지는 않았다. (부담이 전혀 안 되었다고 하면 거짓말이다.)

우리의 연애는 예배 중심이었다. 데이트도 예배 시간을 피해서 틈틈이 했다. 만나서 말씀 묵상을 나누고, 기도드린 것도 나누고, 영어 성경 공부도 했다. 누가 들으면 '그게 무슨 연애냐?'라고 할 수도 있겠지만 쾌락을 쫓는 세상적인 연애가 아니라서 나는 너무 행복했다. 예수님 안에서 서로의 연약함을 보듬어 주는 연애는 처음이었으니까.

예수님을 빼고 나보다 나를 더 많이 사랑해 주는 사람이 있다는 것을 남편과 연애를 하면서 알게 되었다. 사실 처음에는 이 사람이 도대체 왜 이러나 싶을 정도로 부담스러웠다. 좋은 것도 있었지만 '제발 5cm만 떨어져 있어 주면 좋겠다'라고 생각했던 적도 있었다. 나를 향한 그의 사랑이 지나치게 느껴져서 너무 불편했다. 교회 안에서 여자 청년들이 있는데도 나를 배려하는 모습이 느껴지니 눈치가 보였다. 그런데 이 사람은 개의치 않아 했다. 결국 사랑꾼이라는 인정을 받고 난 부러움의 대상이 되었다. 그래도 공동체 식구들이 아름답게 우리를 안아 주어서 감사했다.

사람은 변하니까 시간이 지나면 이 사랑도 조금은 식을 줄 알았다. 그런데 결혼 10년 차인 지금도 남편의 사랑은 식지 않았다. 남편의 사랑은 여전히 한결같다. 그래서 나도 그 사랑과

한 몸이 되었다. 남편은 사랑이 부족했던 나에게 사랑을 가르쳐 주었다. 꽁꽁 얼어붙은 얼음 왕국에서 외롭게 살던 내 마음에 봄이 찾아오게 해 준 사람. 어느 날 돌아보니 나는 남편에게 받은 사랑을 그대로 흘려보내고 있었다. 남편을 통해 사랑은 흘려보내는 것임을 배웠다. 남편을 보면서 사랑도 받아 봐야 줄 수 있음을 깨달았다. 남편에게 사랑을 받으며 부모님에게도 사랑을 바르게 표현할 수 있게 되었다. 가정 안에서 상처로 얼룩진 관계가 조금씩 아물게 되었다.

내게 이렇게 귀한 사람을 아빠에게 소개할 때였다. 결혼을 허락받아야 하는데, 신학생이라는 이유로 아빠는 번번이 자리를 피하셨다. 믿음이 없으시기에 남편의 진가를 알아보지 못하는 아빠가 한편으로는 이해가 되면서도 속이 상했다. 무엇보다 남편에게 정말 미안했다. 그런데도 남편은 아빠의 태도에 전혀 개의치 않고 한결같은 모습을 보여 주었다. 아버님이 가난한 신학생에게 딸을 보내고 싶지 않은 마음을 충분히 이해한다며 아빠의 조언을 듣고 직장을 구했다. 낮에는 일을 하고 밤에는 신학교를 다니면서 사역을 병행했다. 그렇게 남편은 아빠의 마음을 얻었고 결혼을 승낙 받았다. 연애 5년만에 드디어 결혼을 하게 되었다. 꿈만 같은 일이 일어났다.

이따끔 남편은 내게 "만약 다시 태어날 수 있다고 한다면,

나랑 또 결혼할 거야?"라고 묻곤 했다. 난 웃으며 "에이~ 한번 살아 봤으니 다른 사람도 경험해 봐야지! 다시 태어나면 다른 사람이랑 결혼할 건데?"라고 대답했다. 남편이 어떻게 나오는지 궁금해서 했던 말이다. 남편은 자기만 손해라면서 진심으로 서운해했다. 그 모습을 보며 '이 사람은 내가 뭐가 그리 좋을까?' 하는 생각이 들었다. "그래도 난 당신이랑 결혼할 건데"라고 웃으며 이야기하던 남편에게 이제서야 내 진심을 담아 말해 본다.

"나 역시 다시 태어나도 당신이랑 결혼할 거야."

사모는 외로워?

인간관계는 사모에게 어느 정도의 무게감으로 다가올까? 지금은 외로운 광야 길을 지날 때 함께하시는 주님을 먼저 찾지만, 서른이 되기 전 이제 막 사모로서 살아가기 시작했을 때는, 주님을 먼저 찾는 것이 내게는 꽤나 어려운 일이었다. 주님만 의지하는 것이 끝없는 광야를 걷는 느낌이었다. "주님, 전 왜 친구가 없어요? 저는 누구랑 마음을 나누어야 해요?" 주로 이 두 가지가 젊고 어리기만 했던 나에게 해갈되지 않는 어려움이었다.

또 나이 많은 집사님들이 '사모님'이라고 부르긴 하지만, 그저 호칭만 그렇게 부를 뿐, 진정 '사모'로 인정해서 그렇게 부르는 것은 아니라는 것이 느껴질 땐 더욱 힘들었다. 차라리 청년일 때가 좋았는데…. 남편과의 결혼을 시작으로 인간관계를 형성할 때 취하는 태도부터 다르게 하게 되었다. 불과 며칠 전까지만 해도 같은 청년이었다가, '사모님'이라고 부르는 사람들과 내면의 은혜를 나누기가 쉽지만은 않았다. 호칭이 달라지니 관계도 어색해졌다. 남편은 시아버님이 담임 목회를 하는 교회에서 전도사부터 강도사, 부목사까지 사역을 했기 때문에 성도들과 서로 가족 같아서 좋을 때도 있었지만, 공과 사가 구분이 되지 않아 마음을 지키기 어려울 때도 많았다. 정말 마음이 아프거나 화가 나는 상황에서도 그렇지 않은 것처럼 행동해야 할 때가 제일 힘들었다. 시아버님이 목회자로서 아들을 엄격하게 가르치는 모습을 보면서 감사하기도 했지만, 중간에서 지켜보기가 참 힘들기도 했다.

사모님들은 대체 어디다 하소연을 할까? 사모에게는 남편과 예수님만 바라보는 것이 마치 국룰처럼 여겨지는 듯 했다. 그런데 남편을 붙잡고 몇 마디 이야기하는 것만으로는 정서적인 외로움이 채워지지 않았다. 늘 격려해 주고 다독여 주는 남편이었지만, 같은 상황에서 이해해 주고 공감해 줄 수 있는 친구가 없다는 점이 외로웠다. 마음 편하게 툭하고 내 마음을 이야기할 수 있는 사람이 아무도 없다는 게 참 어려웠다. 그때는 SNS가 지금처럼 발달하지 않아서 서로 마음을 공감해 주거나 이야기를 나눌 사람들을 만나기가 어려웠다. 그래서 내가 제일 의지했던 분이 예수님이었다. 어려울 때나 힘들 때, 늘 부르고 의지했던 예수님이 계시지 않았다면 지금 내가 이 자리에 있을 수 있었을까? 아마도 첫 단추를 잘 끼워야 사모로서 잘 살아 낼 수 있기 때문에, 예수님은 광야처럼 느껴지기만 했던 그 시간들을 내게 허락하신 듯하다. 사람도 남편도 의지하지 않고, 예수님만을 바라보도록 훈련시켜 주신 것이다.

요즘은 사모님들을 만날 기회가 종종 있다. 사모님들을 만나면 같이 공유되는 것들이 있다. 사모애(愛)라고나 할까…? '말하지 않아도 알아요'라는 어느 초코파이 광고의 카피라이트 문구처럼, 우리네 머리 위에 정이 공유된다.

지금은 사모로서 외롭고 힘들 때 내 이야기를 들어주고 공감해 주는 친구들이 많이 생겼다. 그 친구들 중에는 나보다 나이 많은 집사님들도 계시고, 언니도 있고, 청년들도 있고, 사모님들도 있다. 권사님도 계신다. 지금은 곁에 위로해 줄 사람들이 많아져서 무척 감사하며 이 관계들을 누리고 있다. 그러나여전히 어려울 때마다 가장 먼저 찾는 분은 예수님이시다. 광야에서의 훈련 덕분일까? 사람보다 예수님 앞에 먼저 나아가게 된다. 그게 가장 바른 해결책임을 알기 때문이다. 지금은 내게 좋은 습관을 가르쳐 주시려고 광야의 시간을 허락해 주신아버지에게 그저 감사를 드린다. 광야는 축복이었다. 이제는웃으며 말할 수 있다. 사모의 인간관계는 결코 외롭지 않다고.

돈이 없을 때도 은혜를 누리는 삶

돈이 없으면 살아가기 어려운 자본주의 사회에서 돈에 대한 욕심을 내려놓고 산다는 게 가능한 걸까? 목회자가 되면 당연히 거쳐야 하는 코스 중 하나가 바로 재정 훈련인듯 하다. 물질에 마음을 두고 하나님을 겸하여 섬길 수 없는 자리, 그래서는 안 되고 그럴 수도 없는 자리이기에 더욱 고된 훈련이 뒤따르는 듯 하다.

개척을 결심하고 가장 두려웠던 문제는 바로 물질에 관한 것이었다. 아이가 셋인데 먹고 살 수나 있을지가 가장 염려되었다. 이 고민은 가난한 전도사였던 남편과 결혼할 때도 했던 고민이었다. '나가서 일을 하면 되지'라는 간단한 해결책도 생각해 볼 수 있었지만, 목회에 오롯이 집중하고 싶은 남편과 그 뜻을 지지하는 내게 그 부분은 그렇게 쉽게 결정할 수 있는 문제가 아니었다. 개척을 고민하며 기도드릴 때 우리 부부는 그동안 우리를 입히고 먹이신 분이 하나님이심을 기억하며, "그래도 하겠니?"라는 주님의 물음에 "그래도 하겠습니다"라는 답변을 드렸다.

성도들에게 선교지 후원은 익숙한 말이라 인식이 그나마 괜찮은 편이지만, 그에 반해 개척 교회 후원에는 그다지 필요를 느끼지 못하는 편인 듯 하다. 우리가 "개척하겠습니다"라고 선언을 하고 교제하는 분들에게 이야기했을 때, 누구 하나 "제가 후원하겠습니다"라며 응원해 주는 분이 없었다. 만 원씩 300명에게서 후원을 받으면 개척해서 어려움을 덜 수 있다는 개척 선배 목사님의 노하우를 듣고 '그것 참 좋은 생각이다!'라고 생각했었는데 그 노하우가 현실로 이루어지기는 무척 어려웠다. 합리적인 방법이었지만, 우리 주변에는 후원해 달라고 이야기할 만한 300명이 없었다. 우리는 그저 개척을 할 수밖에 없는 상황으로 인도하시는 하나님만 바라보며 순종할 뿐이었다.

놀랍게도 개척을 준비하는 과정부터, 그리고 개척 후 7개월이 지나고 있는 지금까지 필요한 물질들은 계속 채워지고 있다. 물질을 위해 작정기도를 한 적은 없었다. 그저 "복음을 전하는 데 저희의 모든 것을 담아 사역할게요"라는 마음만 하나님께 드렸다. 그런데 생각지도 못한 방식으로 하나님이 까마귀를 통해 물질을 공급해 주셨다. 쌀이 떨어지지 않도록 마치 체크라도 하듯 농사한 쌀을 보내 주시는 집사님, 청년들을 먹이라며 종류별 라면과 음료수, 커피를 보내 주시는 섬김의 손길까지…. 모두 다 말할 수는 없지만 하나님이 허락해 주신 귀한 분들이다. 개척 교회임에도 불구하고 굶지 않고 풍성하게 먹으며 사역할 수 있다는 것이 어찌나 감사한 지 모른다.

처음 전도사 남편과 결혼했을 때도 우리는 가진 것이 없었다. 당장 한 달을 무엇을 먹고 살아야 하는지 두려웠지만, 그때도 하나님은 입히시고 먹이셨으며, 가끔은 여행까지 할 수 있도록 누리고 사는 축복을 허락해 주셨다.

"이 돈 가지고 이렇게 사는 게 가능한 거야? 여보, 나 너무 감사하고 행복해. 다른 사람들은 돈이 없으면 내가 어떻게든 벌어서 모아서 살아갈 생각에 힘든데, 우리는 없으면 주님께 이야기하잖아. 없으면 늦은 비와 이른 비를 내려서 채워 주시는 축복을 누리다니! 돈이 있을 때보다 없을 때 누리는 은혜가 오히려 더 커. 이게 감사고 이게 은혜지."

어려운 재정 훈련을 마치고 하나님이 채워 주심을 경험할 때마다 남편에게 했던 고백이었다. 때때로 갑작스럽게 몰아치는 불안정한 상황을 만날 때면 심리적으로 압박감을 느낄 때도 있었지만, 그 시간도 하나님이 하나님 되심을 온전히 인정하도록 우리에게 특별히 허락된 귀한 시간이었다.

지금도 이 고백은 변함이 없다. 하나님의 채우심으로 살아가는 인생, 받은 은혜와 은총에 감사하며 주님 앞에 충성되이 살아야겠다는 마음뿐이다.

너희는 먼저 그의 나라와 그의 의를 구하라 그리하면 이 모든 것을 너희에게 더하시리라 _ 마 6:33

믿음에 탄력크림을 바르다

어느 날 얼굴에 바르는 크림이 똑 떨어져서 엄마가 주신 크림을 써 보았다. 며칠간 사용해 봤는데 내 피부에는 맞지 않는 제품인지, 피부가 당기다 못해 주름이 생길 것만 같았다. 봄맞이 보습크림이 필요했다. '돈을 주고 크림을 살까 말까' 고민하다가 '조금만 더 버텨 보자' 하고 지나갔다.

그러던 어느 날 지인이 김을 잔뜩 가져다 주셨다. 큰 김은 교회에서 먹고, 작은 김은 집에서 아이들을 먹이라고 하셨다. 마음이 참 감사했다. 봉투 안을 보니 일전에 조금 담아 드렸던 김치 반찬통도 함께 들어 있었다. 주신 것들을 수납장에 정리하면서 반찬통을 열었는데, '보습탄력광채크림'이 들어 있는 것이 아닌가! '하나님께서 필요를 이렇게 또 채우시는구나.' 선물을 주신 분에게 감사하다는 인사를 드리고 선물 받은 크림을 발라 보았다. 처음 보는 제품이었는데 보습크림과 탄력광채크림으로 나누어져 있어서 수분이 필요한 날에는 보습크림을 바르고, 탄력과 광채가 필요한 날에는 탄력광채크림을 바르면 되는 제품이었다. 둘을 같이 섞어 발라도 된다는 설명서를 읽고서 나름 듬뿍 퍼서 얼굴에 발라 보았다. 가뭄에 갈라질 것만 같던 피부가 안정을 되찾았다.

하나님은 이번에도 나의 필요를 채워 주셨다. 정말 많은 날들을 이렇게 채워 주시고 입혀 주시고 먹여 주셨다. 쌀이 없을 때는 쌀을, 돈이 없을 때는 돈을, 여행이 가고 싶을 때는 여행 경비를 채워 주셨다. 나는 단지 주님의 일에 충성하며 살아갔을 뿐인데, 아버지는 행여나 내가 굶지는 않을까 하시며 밥이나 옷가지뿐만 아니라 집과 생필품까지 때에 맞게 채워 주셨다.

아침에 등교하는 큰아이에게 오늘 하나님이 엄마에게 주신 은혜(favor)라며 은혜의 증거품을 보여 주었다. 생각해 보니 한두 개가 아니었다. 하나님이 천사들을 통해 주신 화장품을 식탁에 모아 보았다. 미스트, 에센스, 수분크림, 탄력크림, 립밤…. 모아 놓고 보니 이렇게나 많았구나.

아이가 등교 준비를 하는 동안 가만히 앉아서 하나님의 은혜를 기억하고 세어 보았다. 이밖에도 내게 베푸신 은혜들이 줄줄이 굴비처럼 떠올랐다. '은혜는 세어야 하는구나' 하며 감사함으로 세어 보다가 눈물이 왈칵 흘렀다.

아이와 등굣길에 하나님이 너에게 베푸신 은혜가 무엇이

있는지 오늘 하루 잘 생각해 보라고 이야기해 주었다. 그리고 어제 우리의 삶에 주신 은혜는 무엇인지도 기억해 보자고 했다. 등굣길에 이야기를 나누며 아이와 둘이 걸었지만 사실 셋이 걷고 있었다. 그렇다. 주님은 내 옆에서 늘 이렇게 함께하고 계셨다.

주님은 내 믿음이 연약할 때 보습크림을 발라 주셨다. 촉촉하게 단비를 내려 주셔서 의심과 불안이 쏙 들어가게 하셨다. 그렇게 내 믿음의 싹을 키우고 계셨다.

두려워서 한 발자국도 내딛을 수 없을 것 같을 때는 믿음에 탄력광채크림을 발라 주셨다. 믿음이 탱탱하게 차올라서 하나님과 함께 걷고 뛰어오를 수 있도록 말이다. 그렇게 주님은 당신과 함께하는 나를 빛나는 삶으로 초대해 주셨다. 선물 받은 보습탄력광채크림을 얼굴에 바르며, 때에 맞춰 영양분을 공급해 주시는 아버지를 기억하게 하신 것이 내 삶에 큰 은혜임을 고백한다.

사모니까 모범을 보여야지

결혼 후 신혼을 즐길 새도 없이 첫째 아이가 태어났다. 29 살에 나는 엄마가 되었다. 주변 사람들 가운데 아이를 키우는 부모가 없었기 때문에, 아이를 키울 때 어떤 어려움이 있는지에 대해서 제대로 한번 들어 본 적도 없는 초보 엄마였다. '해산의 고통이란 이런 거구나' 하고 겨우 아이를 낳았는데, 이후에 육아는 해산의 고통보다 더 큰 숙제이자 시작이었다. 죽을 것처럼 괴로운 젖몸살과 함께 모유 수유를 감당해 가면서, 16 개월의 완모를 마쳤다.

그런데 하나를 해내고 나면 또 다른 문제가 '날 좀 해결해 봐' 하고 기다리고 있는 것이 바로 육아였다. 인생의 광야를 끝없이 지나야 주님 품에 안길 수 있다던데 언제쯤에나 안길 수 있을는지 끝이 보이질 않았다. 거기다 사모라는 직분마저 아이를 양육하는 데 무거운 짐을 보태 주었다.

아이가 40일이 되기도 전에 "사모가 얼른 나와서 예배를 드려야지"라는 말을 들었다. 130일이 될 때쯤 아이를 안고 새벽 예배를 나갔다. 자모실도 없던 교회에서 예배 시간에 아이를 케어하며 말씀을 듣는다는 게 이렇게 눈물나도록 힘든 일인지 처음 알았다. '아이가 너무 어린데 이렇게 새벽 예배에 데리고 나가는 게 맞는가?' 하는 오만 가지 생각들이 교차하면서 아이에게 너무 미안했다.

> '충분히 자게 놔둬야 하는데… 아빠 엄마랑 같이, 너까지 사역을 하는구나.'

태어났을 때부터 잠이 드는 것도 잘 자는 것도 어려워 하던 아이는 낮잠을 잘 때나 밤잠을 잘 때도 잠투정이 심했다. 캥거루 케어를 하며 새벽을 보내기 일쑤였고, 우는 아이를 안고 날을 샐 때는 나도 남편도 같이 울었다.

아이는 16개월이 지날 때까지도 통잠을 자지 않았다. 큰아이는 10살이 된 지금도 세 아이 중에 잠투정이 가장 심하다. 그때마다 미안하고 마음이 아프다. 늦은 시간까지 사역하고 귀가하면 밤 11시, 이것저것 정리하고 나면 12시가 넘어서야 잠자리에 드는데, 그러고 새벽 4시 반쯤 일어나 새벽 예배에 데리고 가는 게 너무 미안했다. 새벽 예배에 다녀와서 조금 더 자게 하고 어린이집을 보내는데, 그때마다 터져 나오는 아이의 울음에 엄마는 어느새 또 죄인이 되어 있었다. 그래서 '주님 이게 맞나요?'라고 참 많이 묻곤 했다. 사모이기에 선택의 여지란 없고 반드시 해야만 하는 이런 상황들을 은혜로 받기가 어려웠다. "사모이니까, 모범을 보여야지"라는 말들은 나를 더 무겁게 누르고 오히려 반감을 가지게 했다.

'도대체 사모가 뭔대?'

예수님이 내게 말씀하신 의미와 전혀 다른 짐이 얹혀진 느낌이었다. 사모이기 때문에 예배를 잘 드려야 하고, 사모이기 때문에 힘들어도 티 내면 안 되고, 사모이니까 아이도 잘 키워야 되고…. 도대체 예수님이 내게 주신 말씀에는 "사모는 이래야 된다"라는 게 없었는데 사람들은 왜 새로운 기준을 만들어 내는 것인지 이해가 되지 않았다. 은혜로 시작한 사모의 길에 먹구름이 끼기 시작했다.

그런 와중에도 예수님을 생각하며 내게 주신 은혜를 기억하며 살았다. 그것이 내겐 숨구멍이었기에. 그랬던 시절이 지나가고 이제는 같은 고민을 하는 사모님들, 어머님들을 만나면 공감하고 위로해 줄 수 있어서 감사하다. '하나님께는 그냥 버리는 시간이 하나도 없으시구나'라는 생각을 하며, 내 지난날의 경험이 현재의 사역에 든든한 재료가 되었음을 깨닫는다. 하나님은 일분일초도 허투루 쓰지 않으시는 분이다. 그렇기 때문에 오늘도 나는 중심에 예수님을 모시고 무게 중심을 잘 잡으려 노력한다. 사모라는 이유 때문에 모범을 보이려는 것이 아니라, 예수님이 주신 은혜에 감사드리며 책임도 기쁘게 지는 무게 중심 말이다. 이제는 "사모가 그러면 안 되지"라는 말에 웃으며 여유를 지어 보일 수 있음이 감사하다. 십자가의 은혜가 나를 살렸다.

비빔밥 같은 교회, 닭백숙 같은 성도

개척 교회 사모에게 주일 점심 식사는 매우 큰 숙제다. 요리를 잘하지 못하는 사람이라면 더더욱 그 시간이 두려움으로 다가올 것이다. 교회를 시작할 때는 음식하는 데 스트레스를 받지 말자고 약속했었다. 개척에 동참한 멤버 전원이 스스로 요리에는 달란트가 없다고 생각하는 사람들이었기 때문이다. 여기에 나도 짐을 더해 주고 싶지 않았다. '교회에서 밥을 먹지 말까?'라는 생각도 해 보다가 식탁 교제를 놓치고 싶지는 않아서 고민을 참 많이 했다. 성도들과 함께 내린 가장 좋은 결론은 맛이 없어도 좋으니, 주일에 먹을 반찬을 한 가정에서 딱 하나씩만 해 오자는 것이었다. 오렌지를 잘라 와도 되고, 계란 후라이를 해 와도 되고, 오이를 깎아서 쌈장과 함께 가져와도 뭐라고 하지 않을 테니 부담 갖지 말고 딱 하나씩만 가져오자고 했다. 그 말에 성도들이 웃으며 "그 정도면 부담스럽지 않으니 해 보겠다"라고 하는 모습을 보면서 참 감사했다.

개척 후 처음으로 주일에 각자 가져온 반찬을 모아 둔 것을 보고 너무 감사했다. 다들 요리에 자신이 없었다고 하셨는데 너무 맛있게 준비해 주셨다. 식사를 하며 이야기를 주고받는 그 시간이 너무 행복했다. 이후 매주마다 "어쩜 이렇게 맛있냐"라고 서로 칭찬하면서 식사 시간을 보내고 있다. 심적 부담이 덜어지니 오히려 더 맛있게 만들고 심지어는 요리를 즐기고 계신 것들이 보였다. 나 또한 그랬다.

하루는 비빔밥을 준비해서 해 먹자는 의견이 나왔다. "좋아요!" 나는 콩나물 무침을 준비했다. 누구는 시금치나물, 계란 후라이, 고기 고명, 생채 등 각자 한 가지씩만 해 오기로 했다. 자원하는 마음으로 기쁘게 하다 보니 다들 하나씩이 아니라 두 개씩 재료를 준비해 왔다. 새싹도 가져오고, 팽이버섯볶음도 가져오셨다. 난 엄마가 주신 엄마표 고추장과 참기름도 준비했다. 사실 준비된 재료만으로도 이미 배가 불렀다. 비빔밥을 먹으며 자기 음식이 튀지 않고 조화로웠으면 하는 마음으로 간을 적게 한 것이 느껴졌다. 그 많은 재료가 하나가 되어 아름다운 맛을 내는 비빔밥을 먹으며 우리 교회가 딱 이런 비빔밥 같다고 생각했다.

그 이후부터 나는 교회를 위해 기도드릴 때 비빔밥에 들어가는 재료같이 복음을 위해 서로 합력해서 선을 이루는 교회가 되길 바라며 기도하고 있다. 이 기도를 드릴 때면 우리 교회 성도님들의 배려하는 마음이 느껴져서 마음이 찡하곤 한다.

얼마 전에는 점심 메뉴로 닭곰탕을 준비했다. 봄이 돌아오니 교회 가족들이 잘 먹고 힘을 냈으면 했기 때문이다. 나는 주일 아침마다 국을 준비하는데, 닭곰탕은 시간이 오래 걸릴 것 같아 토요일에 온 가족이 식사를 준비하러 갔다. "엄마랑 같이 닭곰탕을 만들 사람?" 하고 물으니 첫째와 둘째가 "저요!" 하며 호기롭게 손을 번쩍 들었다. 재료를 씻는 동안 "닭 껍질이 마치 사람 피부 같다"부터 시작해서 "닭다리는 이렇게 붙어 있구나" 하며 이야기가 멈추지를 않았다. 깔깔대며 셋이서 닭곰탕 재료를 준비했다. "칼로 닭 손질해 보겠다", "파도 다듬겠다"라며 열정이 넘쳐나는 부사수들을 보니 웃음이 올라왔다. 기쁜 마음으로 식사 준비를 하는 모습에 감사했다. 아이들에게 성도들을 섬기는 기쁨을 나누어 줄 수 있어서 행복했다. 재정이 여유롭지 않아서 성도들에게 닭을 한 마리씩 드릴 수가 없었다. 그래서 닭고기 살을 발라서 무와 파를 넣고 닭이 푹 익을 때까지 끓였다. 푹 끓이니 진한 닭국물이 우러났다.

다음 날 닭곰탕을 먹으면서 섬광처럼 스쳐 지나간 생각이 있었다. '내 삶은 어떤 맛이 나고 있을까?'라는 질문이었다. '닭곰탕에서 닭 육수의 진한 맛이 나듯, 복음이 우리 안에 들어오면 복음의 진한 맛이 나는 것은 당연한 거구나. 예수님을 바르게 믿는 우리의 삶은 복음으로 살아져야 하고, 예수님을 닮은 모습으로 살아가야 하는 구나…' 너무나 당연한 진리가 마음 속 깊이 사무쳤다. 닭곰탕을 한 수저 더 떠먹으며 복음의 진한 맛을 내는 교회로 살아가는 행복한 내 모습을 상상했다. 그렇게 성도를 위해 준비한 음식에서 교회와 나의 정체성에 대한 맛을 찾았다.

내조하는 아내, 외조하는 남편

"아이를 키우며 매일 집에 있었던 당신이 얼마나 밖에 나가서 일
하고 싶었을지, 지금에서야 조금씩 이해가 되는 것 같아."

최근에 일주일에 두세 번은 외부 일정을 소화하고 있는 나
에게 남편이 했던 말이다. 아이 셋을 키우면서 꼼짝없이 집에서
집안일과 육아를 도맡아야 했던 나에게 지금은 나를 찾아가는
보석 같은 시간이다. 글도 쓰고, 책도 읽고, 다양한 공부도 하고,
사람들도 만난다. 자녀 양육과 가정을 돌보는 일 외에 하나님이
나의 지경을 넓히는 과정 가운데 필요한 배움을 즐기고 있는 중
이다. 그런 나를 보며 묵묵히 "아이들은 내가 볼게. 나갔다 와.
할 일 편히 하고 와"라고 말하며, 빨래에 아이들 돌보는 일까지
서슴없이 외조를 자처하는 남편이 참 고맙다. 이런 남편이 또
있을까….

결혼을 한 후부터 나는 남편이 섬기는 부서에서 함께 사역
을 도왔다. 우리가 섬겼던 교회는 목회자 부부가 한 부서에서

한 팀이 되어 사역하는 것이 원칙이었다. 그래서 유초등부 사역을 할 때는 첫째의 손을 잡고 둘째는 업은 채로 사역을 도왔다. 아이들이 어려서 부담이 된 적도 있었지만, 교사 회의도 예배도 아이들 심방도 적극적으로 했다. 선생님들이 자기의 역할들을 잘 해낼 수 있도록 격려해 주고 지원해 주며, 남편과 동역자들을 섬기는 것이 나의 역할이었다. 늘 쉬웠던 것은 아니지만 주님이 주신 나의 사명이라 생각하고 최선을 다했다.

아이들이 조금 더 크면서 중고청년부 사역을 했을 때는 더 즐기면서 사역에 동참했다. 남편은 동역자들로 하여금 하나님이 자신들에게 주신 달란트를 발견하고 기쁘게 사역할 수 있도록 돕는 은사가 풍성한 사람이다. 목사라는 권위를 이용해서 수직적인 관계를 이루어가는 것이 아니라, 예수님 안에서 우리는 모두 한 형제요 자매라는 마음으로 동역자들을 섬긴다. 그래서 자신을 드러내기보다 각자의 달란트와 은사를 발휘할 수 있는 환경과 기회를 마련해 주고, 복음 안에서 자라도록 목회를 해 나간다. 남편의 그런 목회를 가까이에서 돕는 배필로 살아갈 수 있음이 늘 감사하다.

개척을 하고 얼마 후, 남편과 이야기를 나누다가 우리가 제법 한 팀으로 더 단단해지고 있다는 이야기를 한 적이 있었다. 기쁜 마음으로 서로를 존중하고 응원하며 돕는 배필로 자라가는 것이 감사했다. 둘 중 하나가 절대 권력을 쥐고 휘두르는 주인이 되어 '나를 섬겨라'라고 하는 것이 아니라, 서로가 서로에게 필요한 때와 역할에 따라 내조와 외조의 섬김을 적절하게 해 나가는 모습이 주님 보시기에도 기쁜 모습이 될 것 같았다. 복음을 위해 달려가는 믿음의 경주에 서로에게 훌륭한 런닝메이트가 되어 가고 있음이 감사했다.

그리고 글을 쓰는 지금, 한 걸음 더 나아가 남편에게 어떤 내조가 더 필요할 지 고민해 보았다. 많은 내조의 방법들이 있겠지만 그 무엇보다 가장 기본적으로 필요한 것은 말씀을 지켜 가는 삶임을 깨닫는다. 남편이 아내의 머리 됨이 '그리스도께서 교회의 머리 됨과 같음이니'라는 에베소서의 말씀을 묵상하며, "교회가 예수님께 순종하듯, 나 또한 남편의 권위에 순종하며 말과 삶을 다듬어 가야지"라고 다짐한다. 매일 한 번씩 "여보, 당신이 있어서 참 감사해. 수고해 줘서 고마워요"라고 이야기하며 남편에게 감사의 마음을 표현해 보려고 한다. 나를 위해 십자가를 지신 예수님에게 감사를 고백하듯 진심 어린 존경과 감사의 마음을 전달하는 내조가 내게 습관이 되고 삶이 되길 소망한다.

사십춘기 극복기

종종 "사십이 되면 사십춘기를 경험한다"라는 말을 먼저 인생을 경험한 선배들에게 들으면서 '나의 사십춘기는 어떨까?'라고 생각해 본 적이 있었다. 그런데 그때까지만 해도 '아직 40이 되려면 멀었어'라고 생각하며 가볍게 지나쳤었다. 그런데 30 후반에 생각지도 못한 사십춘기가 찾아왔다.

남에게 싫은 소리도 잘 못하는 우리 부부는 스스로의 마음은 잘 돌보지 못한 채 사역에 집중하느라 많이 지쳐 있었다. 하나님에게 어려움을 쏟으며 사역해 왔지만 마음속에 상처와 반복되는 아픈 경험들이 해결되지 않아 '더 이상 기쁜 마음으로 목사와 사모의 역할을 감당하지 못하겠다'라는 생각까지 하게 되었다. 소위 말하는 번아웃(burn-out)이 찾아온 것이다.

그리고 나 자신도 내가 율법적이라고 인식하지 못하고 있었는데, 나는 꽤나 율법에 묶여 있었고 죄책감과 정죄감에 눌려 있었다. 평생 목회를 돕고 사역해야 하는 사명을 감당해야 하는데, 도무지 기쁨이 샘솟지 않았다.

정말 자신이 없었다. 목회자 부부가 죽으면 우리만 죽는 게 아닌데…. 힘들어도 힘들다고 말할 수 없는 것이 얼마나 서럽고 가슴 아픈 일인지 그때 또 한 번 느꼈다. 사모이기에 앞서 한 사람의 그리스도인으로서 주님 앞에 진실하고 기쁘게 살아가고 싶었다.

우리 부부는 동시에 찾아온 번아웃으로 매우 힘겨운 시간을 보내야 했지만, 반면 하나님 앞에서 본질을 다시금 정리하는 시간이 되기도 했다. 남편은 '어떤 목회를 해 나가야 하는지?', '어떤 교회를 세워 가야 하는지(사람과 공동체)'와 같은 기초적인 문제들을 두고 다시금 고민하며 기도하기 시작했다. 그렇게 개척을 준비한 2년은 그리스도인의 정체성에 대한 본질을 삶으로 배워 가는 시간이었다.

해결책을 주시기에 앞서 하나님은 우리 부부 안에 죄와 상처로 얼룩진 마음을 만져 주셨다. 10년이 넘도록 해 온 사역을 잠시 멈추고 처음으로 안식월을 가졌다. 한 달 간 여행을 하며 가족과 함께 시간을 보냈고, 지나온 삶을 돌아보게 하셨다. 쉼을 통해 안식을 누리면서 정서적으로도 건강한 영성을 경험하게 하셨다. 그뿐만 아니라 우연히 상담 공부를 시작하게 하셨는데, 덕분에 내면을 돌보며 건강하지 못했던 정서를 직면하게 해 주셨다. 상담 공부는 1년이 넘도록 지속되었다. 그동안 하나님은 내면의 쓴뿌리와 상처를 확인하게 하셨고, 이것이 어떤 방어 기제를 불러일으켜 건강하지 못한 삶을 반복하게 했는지도 알게 하셨다. 처음에는 절망적이었다. '그렇게 말씀을 읽고 기도를 드렸는데도 이 상태라고?' 그러나 그 덕에 건강한 정서가 얼마나 중요한지와 또 이것이 얼마나 영성과 깊은 관련이 있는지도 새롭게 배우게 되었다.

남들보다는 조금 이른 사십춘기를 보내며 예수님이 우리 부부에게 주신 치료법은 결국 복음이었다. 그렇게 많이 들어서 잘 안다고 생각했던 복음을 다시 바르게 이해하자, 우리가 지고 있던 율법적이고 건강하지 못했던 짐들을 한 번에 내려놓을 수 있었다. 복음과 정서적으로 건강한 영성이 무엇인지 배우고 나를 돌아보는 시간을 통해 삶과 신앙에 균형이 중요하다는 것을 깨달았고, 점차 건강한 모습을 되찾아갔다. '하나님을 사랑하고 이웃을 내 몸과 같이 사랑하라'라는 말씀을 묵상하면서, 그러므로 나를 사랑하고 돌보는 일이 얼마나 중요한가를 더 깊이 깨닫게 되었다. 우리가 죽여야 할 자아는 죄된 모습의 자아이지, 하나님이 만드신 나의 고유한 모습까지 죽일 필요가 없음을 깨닫게 되었다. 마음이 준비되지 않았는데 오래 참고 또 참으며 억누르는 것은 나와 이웃을 건강하게 사랑하는 방법이 아님을 알게 하셨다. 정중하게 거절하는 법도 배워 갔고, 회피

하고 억제하는 습관도 고치는 연습을 해 나갔다.

하나님은 나를 만드신 그대로 사랑하시고 받아 주시는데, 타인이나 내 자신에 의해 있는 그대로의 나를 존중하지 못하고 왜곡하며 살아온 습관들을 고쳐 나가는 것이 쉬운 일은 아니었다. 하나님이 지으신 그대로 내가 먼저 나를 인정하고 받아들이자, 어떤 사람이나 무언가의 영향에 의해 좌지우지되지 않고 당당히 주님 앞에서 서 있는 믿음의 시선을 유지할 수 있었다. 이분법적이고 경직된 생각과 삶의 자세들이 유연해지고 말랑말랑해졌다.

우리 부부에게 휘몰아쳤던 이른 사십춘기는 우리를 정금과 같이 연단시켜 주었다. 고난 가운데 있을 때는 하루하루가 지옥 같이 느껴졌는데, 연단의 시간이 끝나자 고난의 유익함을 고백하며 감사가 흘러나왔다. 그리고 무엇보다 우리의 삶의 모습이 건강해졌다. 이 과정을 지난 후 교회 개척을 했을 때의 은혜는 말로 다 할 수 없었다. 지으신 그대로의 나를 존중하고 성도를 사랑하며, 예수님이 주신 생명의 삶을 살아가는 교회로 세우려고 허락하신 시간들에 그저 '감사'로 고백할 수밖에 없었다.

행복한 사모가 되기까지

세상에는 참 다양한 사모님들이 있다. 내 주변에만 해도 각양 각색의 매력을 가진 사모님들이 많다. 톡톡 튀는 매력이 있는 사모님, 이야기할 때마다 빵빵 터지게 하는 사모님, 조용하지만 뚝심 있는 사모님, 학식이 풍부한 사모님 등등…. 다양한 역할과 모습으로 주어진 사모의 자리를 감당하는 모습이 참 아름답다. 나는 어떤 사모일까? 나는 어떠한 사모가 되어야 할까? 사모가 되기 전부터 아주 오랜 시간 사모로서의 나의 정체성에 대해서 고민하며 살아왔다.

오랫동안 고민하고 기도했지만 한 번에 답을 찾을 수는 없었다. 그런데 때마다 하나님이 주시는 문제들을 해결하고 풀어가다 보니, 어느새 질문에 대한 답이 보이기 시작했다. 그것은 사모이기에 앞서 "예수님의 제자"로서 복음 앞에 충성된 자로 살아가라는 것이었다. 그리고 하나님이 만드신 그대로의 '나다움을 회복하는 것'이었다.

사모로서의 정체성을 고민하고 있었을 때, 예수님은 '포도

나무에 붙은 가지처럼 예수님께 붙어 있어야' 사모로도, 아내
도로, 엄마로도 충만하게 살아갈 수 있다고, 또 열매 맺는 삶을
살 수 있다고 말씀해 주셨다. 예수님은 "사모로 무엇을 해야 할
까요? 어떤 사모가 되어야 할까요?"라는 나의 질문에 본질이
중요함을 다시 한번 상기시켜 주셨다. 그래서 누구와 비교하지
않고, 내게 주신 나의 모습을 사랑하며 예수님이 내게 부탁하
신 자리에서 예수님께 연결되어 복음을 전하고 나누고 누리는
삶이 제자의 직무이자 사모의 직무임을 깨닫게 하셨다.

　솔직히 전에는 특별한 사람이 되고 싶은 마음도 조금 있었
다. 성공적인 목회를 돕는 사모이자 아내로서의 삶도 여러 번
그려 보았다. 그런데 이런 것들은 별로 중요한 것이 아니었다.
이제는 누구나 알아봐 주는 특별한 사모가 되기보다 예수님의
진실한 제자가 되고 싶다. 예수님이 칭찬해 주시면 그걸로 만
족한다. 그래서 나는 하나님을 사랑하고 네 이웃을 네 몸과 같
이 사랑하라는 말씀을 어떻게 삶으로 살아 낼지를 날마다 고민
한다. 주님은 내가 내 자리를 지키며, 예수님을 나타내는 제자
로서 살아가는 것이 가장 큰 기쁨이자 은혜임을 알게 해 주셨
다. 지금은 복음으로 삶을 살아 내는 법을 훈련하는 삶에 만족
함을 넘어 행복감을 느낀다. 이따금 나의 연약함과 죄 때문에
마음이 힘들고 어려울 때도 있지만, 그 죄마저 회개할 수 있는

은혜를 허락해 주신 아버지로 인해 다시 힘을 내어 일어선다.

매달마다 교회 가족들에게 기도 제목을 묻고 중보 기도를 한다. 얼마 전 우리 교회에 가장 어른이신 아버님이 기도 제목을 적어 주셨는데, 그 기도 제목을 읽고 마음이 뭉클해졌다. 그리고 이렇게 목회하는 것을 소망하게 되었다. "큰 교회가 아니라 하나님의 나라를 이루는 복음의 공동체, 복음의 교회가 되기를 원합니다"라는 기도 제목이었다. 사람들은 흔히 목회의 성공이라고 하면 큰 교회를 생각한다. 그런데 아버님이 나눠 주신 기도 제목은 주님이 세운 교회 공동체가 어떤 방향으로 나가야 하는지, 또 사모로서 공동체와 어떻게 함께해야 하는지를 생각하게 했다. 특별한 사람이 아니어도 좋다. 세상이 말하는 성공한 목회자의 아내가 아니어도 좋다. 신실하게 하나님 나라를 삶으로 보여 주는 복음의 공동체를 세워 나가는 것이 목사와 사모의 역할이다. 그래서 오늘도 나는 목사와 사모도 죄에서 자유할 수 없음을 나누며, 성도분들과 함께 죄를 이기는 싸움을 해 나간다.

마침내 나는 복음 앞에서 사모로서의 정체성을 찾게 되었다. 그리고 내 모습 그대로를 사랑해 주시는 예수님의 사랑으로 말미암아 기쁘게 고백한다. 나는 행복한 사모라고.

나 진정 사모(師母) 하는

이슬비

현재 부교역자 사모로 남편과 함께 교회를 섬기고 있다.
복음이 실현된 한 사람으로, 하나님의 딸로,
한 남자의 아내로 고군분투하면서
말씀으로 살아 내는 삶을 살려고 부단히 노력 중이다.
가장 낮은 곳으로 오신 예수님처럼 세상 가장 낮은 곳에서
예수님의 사랑을 전하고 싶은 마음을 품고
이후에 선교지로의 부르심을 기다리고 있다.
그곳에서 다음 세대가 이 세대를 본받지 않고
하나님의 뜻이 무엇인지 분별할 수 있도록 돕는 사명을 품고서
이후에 만날 수많은 아이들을 기대하고 있다.

자유로운 영혼이 되고 싶었으나
하나님께 사로잡힌 영혼이 되다

　호기심도 많고 모험심도 강했던 나는 하고 싶은 것도 가고 싶은 곳도 많았다. 특히나 예쁜 것을 좋아했던 나는 디자이너를 꿈꾸며, 세계를 무대 삼아 세계 여행을 하는 것이 인생의 최대 목표였다. 그렇게 가슴 한편에는 성공하고자 하는 열망을, 다른 한편에는 언제 어디서나 원하는 대로 살겠다고 하는 자유를 꿈꾸는 여자였다.

　옷을 좋아했기 때문에 패션 디자이너가 되겠다며 호기롭게 의류학과에 진학했는데, 생각보다 학업이 쉽지만은 않았고 재능이 그리 많지도 않다는 것을 깨달았다. 하고 싶은 것을 다 하며 살기 위해서는 돈도 많이 필요하고 세상도 그리 호락호락하지 않다는 것을 깨닫게 되자, 그 꿈꾸던 삶들이 마음속에서 점차 사그라들었다.

　어린 시절 주일학교를 아주 즐겁게 다녔다. 그때문인지 어느 곳을 가든지 믿음의 공동체에 속해 있어야 한다고 생각했고, 그래서 대학 캠퍼스 선교 단체에서 활동했다. 선교 단체 활동을 통해 처음으로 해외 비전트립도 다녀오고, 또 캠퍼스 예배와 수련회, MT 등 다양한 공동체 활동을 하며 나름 즐거운 대학 생활을 했다.

선교 단체 수련회를 통해 하나님은 나에게 새로운 비전으로 '선교'에 대한 마음을 주셨다. 그런데 부르심에 기쁨과 감사보다는 두려움과 거부감이 훨씬 컸다. 어린 시절도 넉넉하지 못한 환경에서 자라 왔는데, 선교사가 되면 물질적으로 어려울 것이라고 생각하니 선교사로의 부르심에 거부감이 들었다. 그래서 대학을 졸업한 후에는 일자리와 기회가 훨씬 많은 서울로 올라갔다. 그런데 아르바이트를 하면서 취업 준비를 하는 일이 쉽지가 않았다. 포트폴리오와 토익 준비 등에 많은 시간과 돈을 투자해야 하는 상황에 놓이게 되자, 마음에 '하나님은 나를 도와주지 않는 분이셔', '방관자 하나님'이라는 원망과 불평이 가득 가득 쌓여만 갔다.

그러던 어느 날 대학 선교 단체에서 같이 활동했던 선배로부터 아주 오랜만에 연락을 받았다. 이후 선배가 살고 있는 대전에서 만나게 되었고, 선배가 다니는 교회의 목사님에게 신앙 상담까지 받고 다시 서울로 올라오게 되었다. 마침 서울의 교회에서 적응하지 못하던 참이었는데, 선배의 교회 공동체가 계속 떠올라 결국은 주말마다 주일을 보내기 위해 대전으로 내려 갔다. 그렇게 두 달을 매주 서울과 대전을 오갈 무렵, 담임목사 님의 권면으로 대전으로 아예 거처를 옮기게 되었다.

꿈을 찾고자 올라갔던 서울 생활이 1년 반 만에 마무리 되 었고, 대전에서의 삶이 시작되었다. 하나님에 대한 불신앙으로 가득 차 있던 나는 교회 공동체 안에서 살뜰히 보살핌을 받으 며 신앙생활을 새롭게 시작하게 되었다. 그렇게 영적인 목자인 담임목사님을 비롯한 부목사님들을 통해 주님을 더 깊이 만날 수 있었다. 그리고 자연스럽게 학창 시절에 주셨던 '선교사'라 는 비전을 다시 마음에 품게 되었다.

어느 날 나를 대전으로 오게 했던 선배가 대전에서 캠퍼스 간사로 사역하면서 만났다는 한 형제를 소개해 주었다. 소개 팅을 하기 전 서로 연락을 주고받는 사이에, 이미 이 형제가 하 나님이 주신 배우자라는 강한 확신에 사로잡혔다. 무슨 용기였 을까? 소개팅을 한 다음 날, 즉 만난 지 이틀 만에 내가 먼저 결 혼하자고 제안했다. 신중하고 의심이 많은 성정을 가지고 있던 형제는 나의 제안에 흔쾌히 답하며 그렇게 우리는 연애를 시작 했다. 형제는 나에게 '회사를 그만두고 신대원에 입학할 준비 를 했었다'라는 이야기를 했다. 그 이야기를 들으며 그저 '믿음 이 깊은 형제이구나! 이런 형제라면 함께 선교를 나갈 수 있겠어'라고 생각했었다. 이 형제가 목회자뿐만 아니라 선교사로 부르심을 받았었다는 사실은 나중에야 알게 되었고, 지금의 남편이 되었다.

그렇게 나는 선교사의 부르심과 더불어 남편과 함께할 목회에 대한 비전도 주신 것을 깨닫게 되었다. 하고 싶은 것도 많고, 가고 싶은 곳도 많고, 자유롭게 살면서 세상에서 성공하고 싶은 열망으로 가득 했던 나에게 하나님은 선교에 대한 마음을 주셨고, 선교사에 대한 두려움과 거부감을 기쁨과 소망으로 변하게 하셨다. 심지어 목회자 아내의 자리로 옮기기까지 하셨다. 세상에서의 자유라는 열망에 사로잡혀 있던 나를, 하나님께 사로잡힌 영혼으로 바꾸신 것이 내게 가장 큰 기쁨이며 가장 큰 변화임을 고백한다.

나 진정 사모(師母) 하는 _ 이슬비

나는 가장 나답게 지음받은 주님의 딸입니다

나는 다른 사람과 재미있는 이야기를 나눌 때 '깔깔깔' 하고 박장대소하며 소란스러운 편이다. 또 마음 아픈 이야기를 나눌 때면 눈물을 뚝뚝 흘리며 오열할 정도로 감정 표현에 거리낌이 없다. 고등학교 시절 한번은 쉬는 시간에 다른 친구가 와서 "슬비야~ 네 목소리밖에 안 들리더라"라고 했을 정도로 텐션과 에너지가 넘치는 외향적인 성격이다. 감정을 온몸으로 표현할 만큼 표현이 풍부하고 내 생각들을 이야기하는 것을 좋아하는 이런 성향은 교회 공동체 안에서도 그대로 드러난다. 찬양할 때면 율동도 하고, 방방 뛰기도 하며, 기도를 드릴 때면 큰 소리로 기도하거나 대성통곡을 할 때도 있다.

그러던 어느 날 남편이 신학교를 다니기 시작하면서 내게도 목회자의 아내라는 역할이 생겼고, 어느새 목회자의 아내는 차분하고 순응적이며 성도들 앞에서는 무엇이든 절제함이 미덕이라는 사모상이 내 안에 자리 잡기 시작했다.

'이런 생각은 어디서부터 비롯된 것일까?' 하고 생각해 보니, 어렸을 때부터 사모님들은 교회에서 조용하고 말이 없는 모습을 더 많이 봤기 때문인 것 같다. 그래서 나도 모르게 어릴 적에 봐 왔던 교회 사모님들을 모델로 삼았던 것 같다. 실제로 사모가 된 후 말이 없어야 하며 절제해야 한다는 말을 가장 많이 듣기도 했다. 틀린 말도 아니었고 나를 위하는 이야기였지만, 어느 순간 교회 공동체에서 힘든 일이 있어도 표현하지 않고 기쁜 일이 있어도 표현하지 않는 나를 발견하게 되었다. 특히 성도들에겐 강하고 안정된 모습만 보여야 한다는 생각에 우는 모습을 보이지 않으려고도 했다.

그래서 기도드릴 때 울음을 참거나 아니면 아예 교회에서는 기도하지 않는 내 모습을 발견했다. 또 해결책 위주로 말하는 남편보다 학창 시절부터 나를 있는 그대로 봐 주고 내 마음을 공감해 주던 친구들이 제일 그립고 보고 싶다는 생각도 했고, 모든 것을 훌훌 털어놓고 싶다는 마음도 강하게 들었다. 그래서 가끔 너무 답답할 때면 나를 아무도 모르는 곳으로 가고 싶다는 생각도 하곤 했다.

하나님이 나를 지으신 목적이 오직 당신의 딸로 지으신 것인지, 아니면 나를 사모로 지으신 것인지, 무엇이 맞는 건지 갈피를 잡지 못했다. 그리고 나다운 모습으로 목회자의 아내로 살아가는 것이 옳은 것인지 옳지 않은 것인지 혼란스러울 때도 많았다.

성도들에게 보이고 싶지 않은 모습과 혼란스러운 생각들은 나름대로 목회자의 아내이자 남편을 돕는 배필로서 교회에 덕을 세우는 역할을 잘 감당하고 싶은 마음이 컸기 때문이었다. 이런 마음이 남편에게 전달되자 남편은 "슬비야, 밝고 에너지가 넘치고 자신감이 넘치는 모습이 너의 가장 큰 장점이야. 그리고 난 이 모습이 가장 좋아"라는 말로 있는 그대로의 나를 인정해 주었다. 또 "슬비야, 사모로서의 모습에 정해진 답은 없어. 하나님이 지으신 그 모습 그대로 살면서 교회 공동체에서도 너가 가진 장점을 통해 성도들을 잘 섬겨 보자. 내가 도와줄게"라는 말로 나에게 자신감을 심어 주었다. 남편의 말과 사랑으로 인해 하나님이 나를 지으신 모습 그대로 사랑하심을 느꼈다. 또 나의 강점과 달란트를 사용하는 것이 교회를 세우고 덕을 세우는 일이라는 것을 깨닫게 되는 계기가 되었다.

이제는 스스로 만든 '사모상'과 다른 사람이 생각하는 '사모상'에 나를 끼워 맞추지 않기로 했다. 나의 밝은 모습으로 교회 공동체를 더 밝고 환하게 만들고, 말하는 것을 좋아하는 모습으로 더 많은 정보와 지식을 성도들과 함께 나눌 것이다. 그리고 감정 표현이 풍부한 모습으로는 성도의 이야기를 들으며 웃고 울고 희노애락을 나누며 성도와 함께하는 자가 될 것이다. 기쁘고 즐거운 마음으로 몸과 마음을 다해 하나님을 찬양하는 나의 모습이 하나님의 시선에는 얼마나 사랑스러울까? 이제는 내 모습 그대로 교회 공동체를 섬기고 세우는 일에 쓰임받을 수 있도록 마음을 지키는 것에 시선을 두려고 한다. 그리고 '교회 공동체를 세우고 섬기는 일이 무엇이 있을까?' 하고 매일 생각하며 고유한 나의 모습과 목사의 아내 사이에서 잘 살아 내기 위해 고민하고 애쓰며 살 것이다.

양말로 뒤통수를 맞다

코로나로 인해 집합 금지 명령이 있었던 때의 일이다. 비대면으로 각 가정에서 재량으로 가정 예배로 드리던 날이었다. 저녁에 남편과 함께 예배를 드리기 위해 앉았는데, 상·하의에 양말까지 제대로 챙겨 입은 나와는 달리 남편은 집에서 편하게 입는 옷에 양말도 신지 않은 채 예배를 드리려고 하는 것이었다. 그 일로 "예배드리는데 옷이 그게 뭐야~! 양말도 좀 신어야 하는 거 아니야?"라고 하며 남편의 예배 복장에 대해서 지적한 적이 있었다. 내 지적에 기분이 몹시 나빴는지 남편은 내게 "바리새인 같다"라는 말로 응수했다. 가는 말이 고와야 오는 말도 고운 법인데, 내 쪽에서 갔던 말이 매우 곱지 않긴 했었다. 그러나 이런 것을 깨닫기도 전에 남편의 기분 나빠하는 태도와 바리새인 같다는 말에 나도 기분이 상해서 결국 크게 다투고 말았다.

"형식보다 마음이 더 중요해"라는 남편의 말에 나는 "그래도 하나님께 드리는 예배에 예의를 갖춰야 하지 않냐"라는 말로 받아치며, 엎치락뒤치락 "내가 더 옳니, 네가 더 옳니" 하는 말로 서로 지지 않으려는 태도로 일관했다. 그러나 남편의 결정적인 말 한마디에 뒤통수를 세게 얻어맞은 것처럼 머릿속이 하얘지더니, 할 말을 잃어버리고 말았다. 남편이 말하기를 "너 나중에 필리핀으로 선교 가면, 그 더운 나라에 쪼리 신고 다니는 아이들한테 예의며 뭐며 하면서 양말 신고 오라고 할 거야?"라는 말과 함께 "예배 올 때 양말을 신는 게 예의라는 것은 우리나라의 유교 문화 바탕에서 교회가 세워졌기 때문에 내려온 어르신들의 관습인데, 더운 나라 아이들에게도 똑같이 적용하면서 믿음의 척도를 판단할 거냐"라는 말을 덧붙였다. 이 말에 완전히 할 말을 잃고 결국 남편에게 졌다는 생각에 자존심이 상해서 씩씩대다가 크게 운 적이 있다.

사실 남편이 하는 말들이 무슨 의미인지 알았고 오히려 남편을 지적한 나의 태도가 잘못인 줄 알았지만, 그걸 인정해 버리면 자존심이 너무 상할 것 같았다. 그래서 남편의 말에 바득바득 대꾸하며 내 논리를 펼쳐 나가다가 남편의 마지막 한마디에 결국 녹다운된 것이었다.

내가 할 말을 잃는 것을 끝으로 몇 시간이 지난 후 남편과 화해를 했다. 이런 태도의 차이가 남편과 나의 다른 신앙 배경에서 온 것임을 서로 대화하며 뒤늦게 깨닫게 되었다. 나는 태어난 지 얼마 되지 않고부터 엄마와 함께 교회를 다녔다고 한다. 나는 시골 교회에서 주일학교를 다니면서 꽤 보수적인 교회의 문화에 익숙해져 있었다. 그래서 자유롭고 뭐든 맘대로 하고 싶은 면과 달리 신앙생활은 생각보다 많이 보수적인 편이었다. 실제로 어렸을 때 양말을 신지 않고 예배드리러 갔다가 교회 어른에게 크게 혼난 적이 있었고, 민소매 티셔츠를 입는다거나 슬리퍼를 신고 오는 것은 예의가 아니라고 교육을 받았었다. 한번은 친구들과 놀면서 무심코 강대상에 올라갔다가 어른들에게 호되게 혼난 기억도 있다. 즉, 허용되는 것보다 허용되지 않는 것들이 많은 통제 속에서 주일학교를 다녔다.

반면 남편은 어렸을 땐 교회 문턱조차 밟아 본 적이 없었고, 예수님을 구주로 영접하고 하나님을 인격적으로 만난 건 군대를 다녀와서였다. 성인이 된 후에 신앙생활을 해서 그런지 아니면 통제하고 억압하는 환경의 가정에서 자라지 않아서 그런지 모르겠지만, 신앙생활에 있어서는 나보다 훨씬 자유로운 편이었다.

남편과 대화 후 나의 감정과 생각을 거슬러 천천히 다시 생각해 보았다. 나보다 짧은 시간 신앙생활을 했던 남편보다 신앙생활을 더 오래한 내가 당연히 옳다고 생각했던 것 같았다. 또 여태 내가 해 왔던 신앙생활을 잣대로 삼아 다른 사람의 신앙생활까지 정죄하며 판단했던 부분이 많았다는 점을 깨달았다. 남편의 '바리새인 같다'라는 본질을 꿰뚫는 말에 자존심도 상하고 인정하고 싶지 않아 감정적으로 반응했음도 인정했다. 율법에 얽매여 본질을 바라보지 못했던 삶과 사람을 바라보는 시선을 어디에 두어야 하는지 반성하는 계기가 되었다.

찢어진 청바지와 나

패션계에선 T.P.O라는 말이 있다. time, place, occasion의 앞 글자만 딴 것인데 시간(time), 장소(place), 상황(occasion)에 따라서 맞는 옷을 입는 것이다. 한번은 신학교에 500원짜리 동전보다 조금 더 큰 구멍이 세 군데 정도 있는, 즉 찢어진 청바지를 입고 간 적이 있다. 학교에서는 학생의 신분이기에 T.P.O에 어긋나지 않는다고 생각해서 '자유롭게 입고 싶은 옷을 입고 가도 괜찮겠지'라고 생각했다. 더군다나 나는 의류학을 전공하고 디자이너가 되려 했을 만큼 옷을 좋아했기 때문에 학교라는 곳에 구애를 받고 싶지 않았다.

그렇게 오전 수업을 마치고 다같이 점심을 먹는 자리에서 어머니뻘 되는 어느 강도사님이 대뜸 나에게 '사모가 그렇게 입어도 되요?'라고 말했다. 순간 많은 사람들 앞에서 지적당한 것이 너무 민망해서 머릿속이 하얘지고 얼굴이 시뻘게졌다. 함께 계신 분들 가운데 한 분이 괜찮다며 "젊으니까 저런 것도 어울린다"라는 말로 상황을 무마시켜 주시는 것 같았다. 그 사이 많은 감정이 올라왔다. 혹여나 '목사인 남편의 얼굴에 먹칠을 한 것이 아닌가' 하는 생각도 들었다. 반면 면전에서 대놓고 지적당한 것에 꽤나 기분이 나쁘고 당황스럽기도 했다. 그날 오후 수업이 머릿속에 들어올 리 만무했다.

'학교에 찢어진 청바지를 입고 온 내가 무례한 것일까, 아니면 많은 사람들이 있는 곳에서 면전에다 대고 그렇게 말하는 것이 더 무례한 것일까' 하는 생각으로 시작해서 '대체 사모는 이런 바지를 입으면 안 된다고 누가 규정해 놓은 것일까?', '학교에서 학생의 신분으로 배움에 성실하면 됐지, 학교에서도 내가 사모 역할을 해야 하는 것은 아니지 않나?' 하는 생각까지 온갖 생각으로 머릿속이 뒤죽박죽이 되었다. 이 일은 '목회자의 아내라는 고정관념에 나를 끼워 맞추려 하는 사람들에게 나는 어떻게 대처해야 하나'라는 고민으로 이어졌다. 이대로 나는 나대로 살 것인가 아니면 사람들이 말하는 사모라는 이미지와 행동거지에 맞추면서 살 것인가….

하지만 나에게도 분명한 기준이 있었다. 고린도전서 10장 23-24절 말씀에 "모든 것이 가하나 모든 것이 유익한 것은 아니요 모든 것이 가하나 모든 것이 덕을 세우는 것은 아니니 누구든지 자기의 유익을 구하지 말고 남의 유익을 구하라"라는 성경 말씀을 기준으로 삼아 나의 외모나 나의 생각과 행동이 남에게 유익이 되지 못할 것 같으면 하지 않는 쪽을 선택하는 것이다. 아무리 옷을 좋아한다고 해도 때와 장소를 구별하고 남에게 유익이 되지 못할 것 같으면 절제한다는 나만의 기준을 세우며 살아가고 있었다.

'나의 찢어진 청바지가 그냥 학교도 아니고 신학교라서 문제가 되었던 걸까?', '나의 외모가 다른 사람에게 유익이 되지 않았던 걸까?', '미국에서는 티셔츠에 청바지 차림으로 설교하는 목사님들도 많은데, 아직 한국의 정서는 거기까지 도달하지 못한 걸까? 아니면 어른들의 사고방식을 내 쪽에서 이해하고 넘어가야 할 문제일까?', '반대로 요즘 젊은 사람들의 사고방식에 어른들의 이해를 요구해야 하는 건가?'라는 많은 생각을 하게 되었던 계기가 되었다.

어찌 되었든 간에 나 또한 저 많은 질문에 하나하나 답하며 정답을 만들어 또 다른 사람을 나의 기준 잣대에 놓지 않길 바랄 뿐이다. 또한 다른 사람의 기준에 나를 끼워 맞추는 것도 어리석다고 생각한다. 다만 나의 기준은 오직 고린도전서 10장 23-24절 말씀, 하나님의 말씀에 나의 기준을 두고 신중하게 생각하고 행동하기로 결정했다.

그 남자 N극 그 여자 S극

　남편과 나는 좋아하는 음식과 감성뿐만 아니라 성향, 심지어는 피부 타입까지도 180도 다르다. 타고난 기질이 외향형인 나는 목소리도 크고 말도 많아서 어디든 나서는 것을 좋아하고 즉흥적이며 융통성을 잘 발휘한다. 반면 남편은 내향형으로 목소리도 작고 말도 없고 나서는 것을 질색하며, 약속은 최소 일주일 전에 잡고 마음의 준비를 해야만 하는 사람이다. 한번은 교회에서 검은색, 남색, 회색의 옷이 좋다고 하면서, "난 보호색을 띠고 다니고 싶어"라고 말한 적도 있다. 이렇게 다른 성향이 서로에게 너무 끌리는 요소이기도 했지만, 역시나 결혼을 해보니 다툼의 주된 요인이 되기도 했다.

　사람들을 좋아하는 나는 갑작스럽게 사람들을 만나는 일이 어렵지 않은데, 남편은 사람을 만나면 에너지를 빼앗기고 계획적인 성격 탓에 즉흥적인 만남을 매우 힘들어했다. 나는 남편이 "나는 사람을 만나는 일에는 일주일 전부터 마음의 준비가 필요해"라고 하는 말을 가장 공감하기가 어렵다. 사람을 만나는

데 마음의 준비가 필요하다니!

결혼하고 1년쯤 되었을까? 여름 어느 토요일에 점심을 먹고 느긋하게 주말 오후를 보내고 있던 중 교회 집사님으로부터 전화가 왔다. 그 집사님 댁에서 교회 청년들이 함께 모여서 점심을 먹게 되었으니 남편과 함께 점심을 먹으러 오라는 것이었다. 이미 모인 사람들도 미리 약속을 한 것이 아니라 급하게 결정된 것이어서 지금 전화할 수밖에 없었다고 했다. 즉흥적이고, 사람을 좋아하고, 사람을 만나야 에너지를 얻는 나는 점심을 이미 먹었음에도 불구하고, 남편의 의견은 묻지도 않은 채 흔쾌히 가겠다고 했다.

그러나 남편은 이미 밥도 먹었고 계획에도 없던 일이니 본인은 가지 않겠다고 했다. 남편에게 갑자기 생긴 이 일정은 부담스럽고 힘겨운 일이었다. 그런데 사람들과 어울리고 즐기고 싶었던 마음도 컸을 뿐더러 남편과 뭐든 함께하고 싶었던 신혼 초였기 때문에, 나는 꼭 그곳에 남편과 함께 가고 싶었다. 그래서 남편의 말이 굉장히 서운했다. 남편을 잘 알고 배려하고자 하는 마음보다 내가 원하는 대로 하고 싶은 마음이 더 컸기 때문에 남편에게 말이 곱게 나가지 않았다. 남편 역시 자신의 마음을 몰라주는 나에게 서운했는지 서로 상처 주는 말들을 하면서 아주 크게 다퉜던 일이 생각이 난다. 이렇게 서로 다른 성격 때문에 다툰 일이 한두 번이 아니었다.

이뿐만이 아니다. 우리 부부가 가장 많이 다투었던 때는 남편과 함께 유치부와 초등부 사역을 할 때였다. 일을 처리하는 방식에도 차이가 났지만, 아이들을 대하는 태도가 가장 많이 달랐다. 나는 아이들에게 하지 말라는 통제를 많이 하는 반면, 남편은 아이들을 자유롭게 놔두는 편이었다. 나는 아이들을 통제를 하지 않으면 어디로 튈지 모르기 때문에 사건 사고를 미리 예방해야 한다고 생각했다. 그러나 남편의 생각은 달랐다. "교회에서 통제만 하면 아이들이 교회 오는 것이 즐겁겠냐"라고 하면서 아이들이 교회에 와서 즐거움을 느껴야 한다는 것이었다. 이렇게 서로 다른 생각을 인정하고 조율하기에 내공이 부족했던 우리는 유독 사역을 마치고 돌아오는 차 안에서 정말 많이 다퉜었다.

그러나 다툼이 꼭 나쁜 것만은 아니었던 것 같다. 우리 부부는 다투고 미안하다는 말로만 끝나지 않고 왜 그렇게 말했는지 또 그때 왜 감정이 상했는지를 서로 대화하면서 상대방의 감정과 생각을 이해하는 시간을 가지곤 했다. 다투고 화해하기를 여러 번 반복하면서 서로를 더 깊이 알게 되었고, 또 서로를 있는 그대로 받아들이면서 더 배려하게 된 계기가 되었다. 무엇보다 우리 둘의 만남은 절대 하나님의 실수가 아니라는 것을 깨달았다. 이제는 그 누구보다 서로의 부족함을 채워 주는 관계가 되었기 때문이다. 이렇게 서로의 거리를 조금씩 조금씩 좁혀 가며 같은 방향으로 함께 나아가게 되었다. 우리 부부의 인생을 인도하시는 하나님을 의지하며, 서로 함께 노를 저어 하나님이 이끄시는 대로 나아가는 중이다.

좋아한다고 잘 섬기는 것은 아니더라고요

나는 20대 초반부터 나고 자란 시골 교회에서 중고등부 교사로 섬기기도 하고 유치부 교사로 섬기기도 하면서 꽤 많은 시간을 교사로 섬겼다. 횟수로 따지면 거의 10년이 넘도록 교사로 섬겼다. 대전에 와서도 어김없이 유초등부 교사로 유초등부 아이들을 섬겼다. 교사 경험도 있고 또 아이들을 무척이나 좋아하는 나는 유초등부를 섬기는 것이 어렵지 않았다. 그래서 담임목사님이 유초등부 교사를 권하셨을 때도 고민 없이 흔쾌히 하겠다고 했다.

그러나 어렵지 않게 생각했던 건 큰 오산이었다. 한번은 일곱 살 여자아이가 나에게 "선생님 못생겼어요!"라고 말한 적이 있었다. 서울에서 도망치듯 대전으로 와서 자존감이 많이 떨어져 있었던 탓일까? 조그마한 어린 여자아이의 말에 적잖이 충격을 받고 상처받았던 기억이 있다. 어린아이가 한 말에 그냥 넘어 갈 수도 있었는데 쉽게 넘어가지 못했다. 그리고 그 말이 내 마음에 콕 박혀서 그 아이를 볼 때마다 밉고 화가 났다.

나 진정 사모(師母) 하는 _ 이슬비

아이에게 마음을 주기가 어려워졌고 몇 주가 지나도록 미움이 쉽게 사라지지 않는 것을 경험하면서, 교사라는 직분을 쉽게만 생각했던 교만을 깨닫게 되었다. 부끄러운 고백이지만, 그 후 아이가 먼저 마음의 문을 열고 다가와서 나를 좋아해 주고 나서야 마음이 풀렸다. 그때는 참 부족하고 부끄러운 모습뿐이었다.

앞에서도 언급한 것처럼 나는 아이들을 많이 통제하는 편이었다. 그리고 이 모습은 매 주일 예배 시간마다 드러났다. "찬양 시간에는 찬양에 집중하는 거다", "예배 시간에는 예배에 집중하는 거다"라는 말을 아이들에게 수시로 하면서 아이들을 조용히 시켰다. 그리고 아이들이 조용히 앉아 가만히 설교를 들을 때 그제야 마음에 평안이 찾아온다. 사실 아이들은 어른들에 비해 집중할 수 있는 시간이 짧아서, 설교 내용과 다른 엉뚱한 이야기를 할 수도 있고 시끄럽게 떠들 수도 있는 것이었다. 그런데 나는 아이들의 그런 모습을 보면, 내가 생각하는 이상적인 예배의 모습에 부합하지 않는다는 것에 화가 나고 마음이 매우 힘들었다.

언젠가 부서에서 다루기 아주 어려운 남자아이가 하나 있었다. 그 아이는 매주 나를 시험대에 올려 놓았다. 찬양 시간이면 어김없이 주위를 산만하게 하는 행동으로 온 신경이 곤두

서게 하고 화를 돋우었다. 매번 아무리 주의를 주어도 나아지지 않았다. '어떻게 하면 그 아이가 바뀔까?' 하고 얼마나 생각했는지 모른다. 그런데 어느 날 하나님은 정작 바뀌어야 할 것은 그 아이가 아니라 나라는 사실을 깨닫게 하셨다. 하고 싶은 대로 하고 있던 사람은 그 아이가 아니라 바로 나였던 것이다. 하나님은 내가 만든 틀을 깨고 아이들을 있는 그대로 바라보라고 하셨다. 내 기준을 아이들에게 제시하는 것이 아니라, 나를 있는 그대로 바라봐 주시는 예수님처럼, 나도 아이들을 있는 그대로 바라보라고 하셨다. 아이들을 특별히 좋아한다고 해서 그것이 곧 잘 섬김을 의미하는 것은 아님을 깨닫게 된 순간이었다.

이후로 아이들을 무조건 통제하기보다 예배의 질서를 가르치면서 '예배에 방해가 되는 수준만 아니면 어느 정도 허용해 주자'는 새로운 기준이 생겼다. 그리고 모든 면에서 아이들을 대하는 방식이 많이 달라졌다. 아이들을 있는 모습 그대로 봐 주게 되었고, 떠들고 시끄러워도 아이들이니 시끄러운 건 당연하다고 생각해서 전혀 개의치 않게 되었다. 무엇보다 아이들을 향한 인내가 조금씩 생겨나고 있었다. 그리고 당당하게 "아이들은 원래 이렇습니다!", "이런 아이들을 많이 사랑해 주세요!"라고 외칠 수 있게 되었다.

특별히 우리 부부는 다음 세대를 교육하고 세우는 사명을 하나님으로부터 받았다. 어쩌면 '오래전부터 나를 이런 훈련 가운데로 들어가게 하신 이유가 이것 때문 아닐까?' 라는 생각이 든다. 목회자의 아내로서, 교회학교 선생님으로서 곧 찾아올 아이와 훗날 우리 부부에게 맡겨질 수많은 아이들에게 영광스러운 하나님을 삶으로 보여 줄 책임이 있는 것이다. 성경적 가치관으로 복음에 기초하여 주님의 교훈과 훈계로 양육하고 또 말씀으로 삶을 살아 내는 모습을 보여 주는 것이 우리 부부의 사명임을 다시 한번 깨닫는다.

주님은 주시며! 주님은 찾으시네!

  결혼을 하고 한 달 정도 지나서였나? 임신을 하게 되었다. 그러나 화학적으로 유산을 하게 되었고, 그 후 2년이 흐른 후에야 다시 아이를 갖게 되었다. 그러나 이번에도 이 시기에 들려야 할 아이의 심장 소리가 들리지 않았고 아기집이 자라지 않아 6주만에 두 번째 유산을 겪어야만 했다. 두 번째 유산이 기억에서 흐려져 갈 때쯤 3년이 지난 6월에 나는 다시 임신을 했다. 그러나 이미 경험한 두 번의 유산으로 기쁨보다는 불안함이 먼저 엄습해 왔다. 아니나 다를까, 이번에도 심장 소리가 들리지 않았고 아기집 모양이 정상적이지 않아 9주째에 또 유산을 하게 되었다.

  그러고 4개월 만인 그 해 10월 다시 임신을 했지만, 역시나 같은 이유로 4번째 유산을 겪게 되면서 '습관성 유산'이라는 진단을 얻게 되었다. 여러 번 유산을 겪은 탓에 마음이 상할 대로 상하고 상실감이 너무 컸던 탓인지 그해 6월부터 겨울까지 하루하루를 어떻게 견디면서 보냈는지, 무엇을 했는지도 기억이 잘 나지 않는다. 기억나는 것이라고는 아침에 눈을 뜨면 무기력함과 함께 불안감과 허무함, 상실감에 복받쳐서 매일같이 울었던 것밖에 없다.

결혼을 하면 아이를 낳고 키우는 것은 너무나 당연하고 자연스러운 일이라고 생각했고, 나도 결혼을 하면 자연스럽게 이러한 수순들을 밟으면서 살아갈 것이라고 생각했었다. 그런데 4번의 유산을 겪으며 '내 주변 사람들에게는 너무나 자연스럽고 당연한 임신이 나에게는 왜 이렇게 어려운거지?', '내게 무엇이 부족한 거지?', '왜 나는 아직 하나님의 때가 오지 않지?'와 같은 질문을 자주 하나님에게 묻곤 했다. 그러나 하나님은 묵묵부답이셨다.

언제였던가. 그날도 어김없이 불안감과 허무함과 상실감으로 하루를 시작했다. 읽히지 않는 말씀을 읽어 보겠다고 꾸역꾸역 마음을 다 잡고 책상에 앉으려고 하는데, 책상 위에 좋아하는 귤과 성경책과 남편의 응원이 담긴 편지가 함께 놓여 있었다. 그것을 보고 얼마나 펑펑 울었는지 모르겠다. 나를 위해서 그렇게 준비하고 출근한 남편의 사랑이 예수님의 사랑처럼 느껴진 순간이었다. '힘들어하는 나를 보며 남편도 많이 힘들겠지?', '예수님도 힘들겠지?'라는 생각을 하면서, 사랑하는 남편과 또 나를 사랑하시는 예수님을 위해 '힘을 내자'라고 다짐했다. 그때부터 상하고 지친 마음을 회복하기 위해 매일마다 말씀을 붙들었다. 여느 때와 같이 하나님께 속상하고 답답한 마음을 토해 내며 울고 있는데 갑자기 하나님의 음성이 들려왔다.

"슬비야, 너의 삶의 주인은 누구니? 나는 너에게 주기도 하고 찾기도 하는 주권을 가지고 있다. 너의 삶의 주인은 바로 나란다. 너는 나를 주인으로 인정하며 나의 주권을 인정하는 삶을 살아야 한다. 이게 주님의 자녀로 합당한 삶이며 이것이 나를 경외하는 삶이란다."

그러면서 아브라함이 이삭을 드리던 장면이 생각나게 하셨다. 아브라함이 이삭을 드릴 때 하나님이 그제야 네가 나를 경외하는 줄 안다고 하셨던 그 말씀 말이다. 그리고 '하나님은 주기도 하시며 찾기도 하시는 분임을 아브라함도 알았구나!', '하나님의 주권을 인정했구나!', '이게 하나님을 경외하는 삶이구나!'라고 깨닫게 하셨다. 나는 주님을 믿는다고 하면서 하나님의 주권을 인정하지 않으며 살아왔음을, 내 마음대로 살려고 하고 내 마음대로 안 되면 하나님을 원망하고 불평하고 있었음을 그때야 깨닫게 되었다.

그렇게 통회하고 자복하는 마음으로 하나님께 회개기도를 드렸다. 생명을 주시는 분도 하나님이시고 생명을 취하시는 분도 창조주 하나님임을 비로소 머리가 아닌 마음으로 깨닫게 되는 순간이었다. 그리고 나는 하나님이 만드신 피조물로서 창조주이신 하나님의 주권을 인정하며 비로소 나의 삶을 하나님께 내어 맡기게 되었다. 그리고 하나님의 주관하심과 그 주권대로 계획하심 아래 우리 부부를 통해 하나님의 자녀가 이 세상에 오는 것임을 깨닫게 되었다.

나는야 하나님의 청지기!

어느 날 한 사모님이 나에게 재정을 잘 관리하면도 잘 누리며 산다고 칭찬을 해 준 적이 있었다. 그러나 과거에 나는 경제적인 영역에 있어서 아주 많이 메여 있는 편이었다. 그래서 남에게도 나 자신에게도 매우 인색했고 하나님이 주신 물질의 축복을 제대로 누리지 못했었다.

20대에는 아르바이트로 용돈을 벌면서 학교를 다녔고, 대학을 졸업하자마자 부모님으로부터 경제적 지원이 모두 끊겨 취업도 하기 전에 경제적 독립을 할 수밖에 없었다. 서울에서 직장을 다니던 때는 한창 뉴스에 나왔던 88만 원 세대가 딱 나라고 할 정도로, 비정규직에 80~100만 원씩 받고 일하면서 한 달을 버텨야 했었다. 직장을 다니기 시작하면서 학자금 대출도 상환해야 했는데, 그러다 보니 사고 싶고 하고 싶은 위시 리스트(wish list)는 언제나 제일 뒷전에 밀려 있었다. 이렇게 살다 보니 20대 때부터 헌금과 학자금, 대출금을 포함한 고정 지출액을 뺀 나머지 잔액을 적고 계산하는 일이 몸에 배어 있었다. 결

나 진정 사모(師母) 하는 _ 이슬비

혼 후 가정의 재정 관리가 나에게 맡겨졌지만, 여전히 나는 인색했고 누리지 못했다. 결혼 전이나 후나 나를 위해 무언가를 사는 것은 마치 욕심을 부리고 죄를 짓는 것처럼 느껴졌다. 이 돈을 헌금이나 또는 누군가를 돕는 일에 쓰는 것만이 하나님이 기뻐하시는 일이라는 생각에 늘 사로잡혀있었다.

크리스천 또는 목회자 가정으로서 재정 관리를 어떻게 해야 하는지, 돈을 어떻게 생각해야 하고 다루어야 하는지에 대해 전혀 아는 바가 없었다.

그러던 어느 날, 교회에 재정 강의로 잘 알려진 김○○ 간사님의 강의를 듣고 계시는 집사님 한 분이 계셨는데, 담임 사모님께서 그 집사님에게 재정에 관해 배운 내용을 교회 성도들에게도 알려 주면 좋겠다고 권유하셨다. 덕분에 나도 그 집사님을 통해 김○○ 간사님의 재정 강의를 찾아보며, 재정을 어떻게 관리해야 하는지 실제적인 재정 관리에 대해 배우게 되었다. 그러면서 내가 물질적으로 어려웠던 어린 시절과 20대를 겪으면서 나의 미래의 안정감을 물질에 두고 있었음을 깨달았다. 계속 모으려 하고 인색했던 이유가 여기에 있었던 것이다. 그리고 이것이 곧 나의 모든 공급이 하나님께 있다는 것을 믿지 못하는 불신앙의 모습이라는 것을 깨달았다.

이것을 깨달은 시점부터 나는 나의 공급이 하나님께 있다는 것을 믿는 믿음을 구했다. 또 빚을 지는 것은 하나님이 우리의 주인이 아니라 채주(債主)의 종이 된다는 잠언의 말씀을 마음에 새겼다. 그래서 빚을 지지 않기 위해 재정 관리 제1원칙인 수입보다 지출을 적게 하는 예산안을 짜기 시작했다. 예산안을 짠다고 해서 재정 관리가 쉬운 것은 아니었다. 특히 미래에 대한 불안한 마음이 들 때면 나의 안정감을 물질에 놓고 살았던 시절로 자꾸만 돌아가려고 하기도 했다. 그럴 때마다 우리에게 물질 얻을 능력을 주시고 입히고 먹이시는 하나님의 은혜를 기억하며 감사를 잃지 않도록 하나님께 내 안정감을 두며 마음을 지키고자 노력했다.

벌써 예산안을 만들면서 재정 관리를 한 것이 6년째이다. 그때부터 지금까지 매월 빠짐없이 월급 전에 예산안을 미리 짜서 예산안대로 살아가고 있다. 내 삶은 하나님이 주신 물질의 복을 누리며 하나님이 원하시는 곳으로 흘려보내는 청지기적인 사명을 감당하는 삶으로 변했다. 무엇보다 이중직 목회자인 남편의 회사 급여가 오를수록 고아와 과부와 객을 위한 예산을 점점 더 늘려갔다. 구약과 신약을 아울러 고아와 과부와 객을 늘 생각하셨던 자비롭고 사랑이 많으신 하나님을 묵상하면서, 하나님의 주신 물질을 하나님이 원하시는 곳에 쓰려고 노력하고 있다. 실제로 하나님이 원하시는 곳에 우리의 물질을 흘려

보내니 하나님은 우리의 곳간을 채우기도 하시며 또 우리의 곳간이 밑 빠진 독처럼 빠져나가지 않게 하시는 경험도 자주 하게 하셨다. 물질은 그 자체로 목적이 되는 것이 아니라, 하나님을 섬기는 수단이라는 명확한 기준이 세워지면서 물질을 대하는 태도도 바뀌었다. 물질을 섬기는 종의 위치에서 하나님이 주신 물질을 관리하는 청지기의 삶으로 변화되었다.

나는 복음이 실현된 증인입니다

남편과 나는 선교에 대한 부름을 받았다. 지금 당장은 아니지만 주님이 부르시면 언제든지 한국에서의 삶을 정리하고 부르신 곳으로 떠날 것을 늘 염두에 두며 살아가고 있다. 그래서 나는 선교를 위해 몇 가지 준비하는 것이 있다. 하나는 한국어 교원 자격을 얻기 위해 사이버대학에 편입해 공부는 것이고, 하나는 신학교에 다니는 것이다. 전자는 선교지에 가서 내가 무엇을 할 수 있을까 생각하던 중 K-POP, K-FOOD 등 한국에 관심이 많은 외국인들에게 한국어를 가르치면 좋겠다는 생각에 시작했다. 그리고 후자는 섬기던 교회의 담임목사님이 나중에 선교지에서 사역한다면 신학을 하고 목사 안수를 받고 가는 게 더 좋겠다고 권면해 주시면서 시작하게 되었다. 배움에 대한 열정과 호기심이 크고, 무엇보다 하나님이 나를 목회자의 아내이기 전에 선교를 통해 복음을 전하는 자, 복음을 선포하는 자로 부르셨기에 흔쾌히 신학교에 다니기로 했다.

한꺼번에 두 개의 공부를 하는 것은 쉬운 일이 아니었다. 그러나 모두 다 나에게 꼭 필요한 과정이었다. 특히 신학이란 주관적인 신앙을 객관화시키는 작업이라는 모 교수님의 말처럼, 객관적으로, 즉 신학적으로 어떻게 신앙을 설명하고 있는지에 대해서 배울 수 있다는 점이 너무 좋았다.

신학교를 다니는 동안 가장 기억에 남았던 과제가 하나 있다. 하루는 어느 교수님이 '앞으로 살아갈 날이 7일밖에 주어지지 않는다면 무엇을 할 것인가?'라는 주제로 레포트를 작성해 오라는 과제를 내 주신 적이 있다. 많은 사람들이 '미래를 어떻게 살아갈 것인가'에 대해서는 고민하지만, '어떻게 죽음을 맞이할 것인가'라는 주제에 대해서는 잘 생각해 보지 않았을 것이었다. 나 역시 '미래에 무엇을 어떻게 할 것인가', '무엇을 이룰 것인가', '무엇을 하며 먹고 살까'와 같은 생각에만 몰두하며 살아왔음을 깨달았다.

아마 나와 마찬가지로 많은 사람들이 다 비슷하게 생각하지 않을까? 죽음을 앞두고 있다고 생각하니, 내가 무엇을 얼마만큼 소유했는지, 그리고 무엇을 얼마만큼 이루었는지는 아무런 소용이 없는 것처럼 느껴졌다. 대신에 나의 가족과 또 주변 사람들과의 관계에서 얼마나 사랑했는지, 얼마나 화평했는지, 얼마나 오래 참았는지, 얼마나 용서했는지에 대해서 생각하는 계기가 되었다. 또 하나님을 믿는 사람들에게 죽음을 준비한다는 것은 천국을 준비하는 정도로 끝나는 것이 아니라, 영생의 시작이라는 의미와 깊은 관련이 있다는 것도 깨달았다.

나는 목회자의 아내이기 전에 복음을 전하며 선포하는 자로 하나님께 부르심을 받았다. 복음을 전하고 복음을 선포하는 일이 곧 하나님의 자녀에게 가장 의미 있는 일임을 깨닫게 하셨다. 아직 주님을 알지 못하는 많은 사람들에게 또 선교지의 많은 사람들에게 하나님의 자녀 됨의 정체성이란 무엇인지를 알려 주는 일이 나의 사명임을 고백한다.

우리 부부는 2024년 사역지를 옮겼는데, 수요 예배 시 내게도 설교할 수 있는 기회가 주어지고 있다. 그 시간을 통해 이 시대에 하나님의 사람과 하나님의 종, 성도들로 하여금 그리스도인의 정체성과 그리스도인의 삶의 자세에 대하여 말씀을 전하고 있다.

> 너희는 이 세대를 본받지 말고 오직 마음을 새롭게 함으로 변화를 받아 하나님의 선하시고 기뻐하시고 온전하신 뜻이 무엇인지 분별하도록 하라 _ 롬 12:2

> 이는 다 이방인들이 구하는 것이라 너희 하늘 아버지께서 이 모든 것이 너희에게 있어야 할 줄을 아시느니라 그런즉 너희는 먼저 그

나 진정 사모(師母) 하는 _ 이슬비

의 나라와 그의 의를 구하라 그리하면 이 모든 것을 너희에게 더
하시리라 _ 마 6:32-33

이 말씀처럼 이 세대를 본받지 않기 위해서 '우리는 어떻게
살아야 하고, 하나님의 뜻은 무엇이며 어떻게 분별해야 하는
지'를 전하고자 최선을 다해 역할을 감당하고 있다. 또한 하나
님을 믿지 않는 사람들이 구하는 삶보다 하나님의 나라와 그의
의를 구하는 삶이 무엇인지를 알도록 이끌어 주고 있다. 내게
살아서 역사한 복음이 다른 이들에게도 역사하도록, 예수님을
전하고 예수님이 하신 일을 선포하는 복음의 증인으로, 하나님
이 나를 지으신 목적과 부르심대로 살아가고 있다.

사람 냄새 한 스푼,
말리지마 사모

이은미

두 아들의 엄마이며, 《결혼생활, 나만 힘들어?》 저자이다.
한국외대 중국어 통번역을 전공했고,
YWAM 서울 대학 사역 간사 활동을 했으며,
부교역자의 사모로 살아오다가 2022년 용인 동백에 개척한
위드처치의 사모로서 교회를 섬기고 있다.
평범한 직장에서 일하며 교회를 통해
가정의 회복을 도우면서 살아가는 사람이다.

무채색 사모

예수님을 인격적으로 알기 전 나의 모습을 그림으로 표현한다면, 하얀 도화지에 검은 펜으로 스케치해 놓은 그저 그런 밑그림과 같다고 할 수 있다.

나는 미(美)적 감각이 전무하다고 단언할 수 있다. 색칠하는 것도 그렇고, 그림을 그리는 것도 그렇고, 또 주변을 눈으로 감지하고 인식하는 능력도 부족한 편이다. 그 미적 감각이라는 것은 라면을 하나 끓이는 데서부터도 차이가 난다. 내 여동생은 어릴 때부터 미적 감각이 좋은 편이었다. 여동생은 감각이 있어서 그런지 눈대중으로도 라면 물을 적당하게 맞추고서 잘 끓였다. 반면 나는 수많은 시행착오를 통해 몸으로 습득하고, 설명서를 탐독하며 머릿속에 입력할 뿐만 아니라, 여러 번의 계량 끝에 얻어 낸 결과값으로 비로소 라면 물의 적당함을 파악할 수 있었다.

심지어 내가 입었던 옷들도 거의 무채색이었다. 검은색, 흰색, 회색…. 게다가 얼굴에 그림도 잘 못 그렸다. 화장은 대학교

2학년 때 시작했는데, 화장하는 법도 어깨 넘어 동생에게 배웠다. 화장을 안 하고 다닐 때는 사회에 매너 좀 가지고 다니라고 이야기하는 친구도 있었다.

대학생 때 나는 후드 티에 아빠 반바지를 입고 다니면서 패션 파괴자의 길을 걸었다. 지금 생각해도 아찔하다. 옷을 좋아하는 여동생 덕에, 동생이 옷을 사고 시간이 지나 입지 않게 된 옷이 있으면 주워 입고 다녔다. 그나마 둘이 신체 치수가 같은 게 다행이었다. 나름 그래도 화장도 하고 옷도 갖춰 입으며 사람처럼 보이며 사는 게 무엇인지 정도는 알아 가는 시간이었다. 나는 선머슴 같은 무채색의 사람이었다.

그런데 아직도 옷을 살 줄 모른다. 옷 보는 눈이 좀 있는 엄마는, 옷을 보러 가면 늘 먼저 내가 아른거린다고 하면서 새 옷들을 나에게 하나씩 사 주신다. 옷장에 있는 옷들 가운데 계절마다 있는 새 옷은 대부분 엄마가 마련해 주신 것들이다. 남동생이 입는 티와 바지도 나와 사이즈가 맞았다. 그래서 남동생 옷이 편하게 잘 맞았다. 그렇게 온 가족이 나의 옷장을 책임져 주었다.

외모도 무채색인데, 성격도 무채색이었다. 성향상 남을 맞춰 주는 게 편했고, 나 자신을 드러내는 것이 어려웠다. 음악도 랜덤 플레이, 음식도 아무거나, 옷도 엄마 옷, 아빠 옷, 동생 옷을 입고 다녔다. 그 모든 것 중에 내 스타일이라는 것이 없었다. 개인 취향이라는 것도 없었다. 남에게 맞추는 건 편하고 좋았지만, 나 자신에 대해 이야기하는 것은 오히려 많이 어려웠다.

나는 태어나서 한 번도 생각해 본 적이 없는데, 남편과 결혼하고 얼마 안 된 어느 날 엄마가 "내가 주님 앞에서 널 위해 기도할 때마다, 네가 사모와 참 잘 어울린다고 느꼈어"라는 말씀을 하신 적이 있다. 그런데 그 말이 그렇게 썩 좋게 들리지 않았다. '나의 이 무난하고 무채색인 성격 때문에 사모와 어울린다고 하신 건 아닐까?' 하는 생각이 들었기 때문이다.

나는 내 진짜 모습이 무엇인지 잘 모른 채 살아왔다. 스무살이 되어서야 말씀과 기도 가운데 예수님을 전인격적으로 깊이 만났다. 하나님의 사랑의 성품이 나를 덮고 나를 에워싸서 일으키셨다. 그 후에야 비로소 나 자신이 어떤 사람인지 알게되었다. 주님 앞에 더 깊이 나아갈수록, '나'라는 사람을 하나님이 어떻게 빚어 내셨는지 알게 되었고, 가면을 벗어 던지자 오리지널 '나'의 모습이 드러나기 시작했다. 정말 밑그림 같았던, 그저 무채색이었던 나는, 주님과의 깊은 만남 후 여러 색이 입혀졌다.

'내가 좋아하는 음식이 떡볶이였구나', '쌀국수였구나', '내가 좋아하는 음악이 이거구나', '이건 여러 번 들려도 질리지 않는구나', '내가 좋아하는 성향의 사람이 있구나', '나와 맞는 사람이 있구나', '나는 사람과 관계를 맺을 때 이렇게 생각하는구나…' 하며, 주님을 알아 갈수록 내 자신을 더욱 깊이 알아 갔다. 내 자신에게 여러 가지 색이 있다는 것을 20대 중반에 들어서야 비로소 알게 된 것이다.

결혼을 하고서는 스케치의 밑그림이 선명해졌고, 그 경계가 명확해졌으며, 채워지는 색들도 다채로워졌다. 부탁하기 힘들어하는 성격인 내가 다른 사람에게 부탁할 수 있게 되었고, 의지하기 어려워하는 내가 누군가를 의지할 수도 있게 되었고, 무엇을 한다고 티 내기 어려운 내가 하고 있는 것들을 다른 사람에게 알리기 시작했다. 원하는 것, 필요한 것을 말하는 것이 참 어려운 사람이었는데, 그것들을 내 입으로 표현하기 시작했다.

교회를 개척하고서 주황색에 꽂혔다. 남편이 개척 교회의 로고를 오렌지 컬러로 만들었다. 그 방향성에 같이 발맞춰 가는 것이 내게는 참 기쁨이고 즐거움이었다. 핸드폰 액세서리를 좋아하는 나는 스마트워치 스트랩, 핸드폰 케이스, 작은 크로스백, 에코백, 신발, 이번에는 축구화까지 나의 주변을 주황색으로 물들이기 시작했다. 주변에 너무 튀는 원색이 있으면 불편하고 거부감이 들곤 했던, 무채색으로 살아온 나에게 좋아하고 사랑하는 '교회의 색'이라는 의미가 생기니, 그 색이 마냥 좋아지고 더욱 눈길이 가게 되었고, 나의 일상에 어떠한 부분들을 그 색으로 채워 갈지 고민하게 되었다.

무채색 사람이 교회도 잘 섬기고, 남편 내조도 잘하고, 아이들도 잘 키우는 사모에 적격인 사람이라고 생각하지 않는다. 하나님의 오리지널 디자인을 회복한 한 사람은 어떤 사람과 함께해도 빛날 수 있다고 생각한다. 내가 주님 앞에 변화된 모습으로 있지 못했다면, 남편도 만나지 못했을 것이다. 사모이기 이전에 주님 앞에서 나의 모습을 알아 갔기에 나의 다채로운 색 위에 사모라는 색도 덧입혀질 수 있는 것이다. 사모이기 이전에 내 자신이 가장 아름다운 그리스도의 색으로 채워지고 완성되기 원한다.

성도보다 못한 사모

남편의 부교역자 시절, 첫째와 둘째를 육아하며 교회의 영아부실 컨트롤러가 나의 역할인 양 살아가고 있을 때였다. 나는 오전 예배 시간 내내 영아부실에서 아이들에게 계속 무언가를 먹이고, 말을 들어주고, 장난감을 쥐어 주고, 기저귀를 갈아 주고, 다른 아이도 돌아봐 주는 그런 시간을 보냈다. 그리고 예배가 끝나면 영아부실에 놀러오는 성도들과 교제하고 밥 먹고 커피를 마시며 수다를 떨다가 오후 예배를 피곤함에 골골대며 드렸다. 예배 후 남편을 기다리는 시간 동안 또 아이들과 놀거나 다른 주일 학교 아이들과 이야기를 하다가 집으로 돌아왔다.

다른 성도님들은 토요일에 와서 청소하고, 주일에 더 일찍 나와 찬양팀을 섬기거나 식당에서 봉사하고 설거지하는 동안, 나는 교회 봉사라고는 정말 아무것도 하지 않았다. 모태 신앙으로 자라 결혼하기 전까지는 교회에서 봉사만 하다가 집에 왔었는데, 사모가 되고 아이를 낳고 나니 오히려 교회에 가면 영아부실에서 내내 앉아만 있다가 오는 날이 부지기수였다. 담임 사모님과 식사할 시간이 있어 같이 식당에 있으면서 하셨던 말씀이 있다.

"사모가 성도보다 못할 때가 있어."

나를 염두해 두고 하신 말씀인지, 아니면 영적 자존감이 한없이 낮았던 그때 내 마음에 낙인처럼 박힌 건지는 모르겠다. 얼굴이 한껏 뜨겁게 달아올랐던 기억이 난다.

개척 이후 우리 교회는 주일 하루만 예배를 드린다. 마음의 준비는 토요일부터 하지만 예배의 시간은 주일에만 가진다. 평일에는 일을 한다. 새벽기도도 하지 않고, 금요 예배도 드리지 못한다. 나름 하고 있다고 내세울 수 있는 건 묵상과 예수동행일기를 쓰는 정도이다. 어느 날, 함께 목회 현장에 대해 고민하며 나누고 있는 목사님·사모님들과의 모임에서 기도 제목을 나누다가 눈물이 났다. 주님 앞에 죄송하다고, 성도보다 못한 사모가 될까 너무 마음이 무겁다고, 나는 그 누구보다 주님과 더욱 친밀한 삶을 살아가고 싶다고 고백하는데, 뭐가 그렇게 죄송하고 서러운지 속상한 마음에 눈물이 계속 쏟아졌다.

사모들의 속마음

성도들이 사모에게 원하는 것은 무엇일까 고민해 본다. '과연 원하는 것이 있을까?'라는 의문이 들기도 한다. 그저 '우리 목사님 힘들게 하지 않고, 기도 열심히 하고, 식탁 교제를 하며, 열심히 먹으면 되는 것인가?' 하는 생각이 들기도 한다. 그 담임 사모님이 하신 말씀의 의미를 돌이켜 보면 교회 봉사를 열심히 하는 사모가 사모로서의 역할을 충실히 해내는 것인가? 그러면 나는 정말 성도보다 못한 사모의 때를 지나고 있다. 성도보다 잘난 것은 또 무엇일까? 성도와 비슷한 정도는 또 어떤 것일까? 그 척도와 기준은 어디로부터 나오는 것일까? 봉사하는 시간에 비례하는 것일까, 아니면 겉으로 보이는 거룩함에 의거한 것일까? 우열을 나누는 건 사람의 눈인가, 하나님의 눈인가? 그 판단의 권한은 그 누구에게도 없다. 누가 교회에서 잘하는 사람이라고 1등부터 줄을 세운단 말인가? 우리에게는 그럴 권한이 없다. 사모일지라도, 혹은 성도일지라도….

내가 바라는 것은 성도보다 나은 사모가 아니라, 이 세상에 누구보다 하나님과 친밀하게 하루하루를 살아가는 사람이다. 뿌리가 깊은 큰 아름드리 나무 같은 사람이 되고 싶다. 푸르르고 그 가지가 두껍고 길어서, 더위에 지친 사람들이 와서 쉬고, 나무 그늘에 쉬고, 나무 기둥에 기대어 쉬고, 숨을 한번 고르고 가는 그런 나무이고 싶다. 성도보다 못한 사모라고 하면 마음이 참 아프지만, 나무 같은 사모가 되라고 하면 힘이 솟는 듯하다. 나는 더 크고 두껍고 튼튼해져서, 깊이 뿌리내려 시냇가의 물을 흠뻑 빨아들여 싱싱한 잎을 뽑내는 그런 나무 같은 사모이고 싶다.

이마에 '집에 가고 싶다'고 써 있어요

남편은 정말 가정적이다. 나와 보내는 시간, 아이들과 함께 하는 시간을 정말 소중하게 생각하고 제일 우선으로 생각한다. 나는 그렇지 못한 사람인데, 가정적인 남편을 만나 행복한 임신과 출산의 시간을 보냈다.

남편의 전도사 시절이었다. 그때 우리에게는 어린 첫째 아이가 있었고, 둘째를 임신하고 있었다. 교회에 가면 남편은 교회에서 사역을 해야 하기 때문에 나를 마음껏 도와줄 수 없었다. 그렇다고 내가 나서서 남편에게 도와달라고 요구한 적도 없다. 남편은 주일이면 구두 밑굽이 닳도록 교회 계단을 뛰어다녔다. 그렇게 바쁘게 사역하는 걸 뻔히 아는데, 힘들다고 나 좀 도와달라고 요구할 수가 없었다.

하지만 가족을 끔찍하게 사랑하고 우선으로 생각하는 남편은 영아부실에서 꼼짝도 하지 못하는 내 처지를 알고, 그저 나를 조금이라도 더 챙겨 주려는 마음에 짬을 내서라도 영아부실을 오르내렸다. 내게 필요한 게 없는지 항상 물어봐 주었고, 화

사람 냄새 한 스푼, 말리지마 사모 _ 이은미

장실을 다녀오고 싶으면 잠깐 다녀오라며 아이를 봐 주기도 했다. 점심시간에는 나와 아이의 식사를 먼저 떠다가 챙겨 주곤 했다.

그런데, 어느 주일에는 담임 사모님이 오셔서 나에게 이런 말씀을 하셨다.

"은미 사모가 집에서 얼마나 맛있는 걸 해 주는지 몰라. 퇴근 시간 만 되면 장 전도사 이마에 '집에 가고 싶다'고 아주 써 있어. 매번 점심도 챙겨 주는 모습을 보면, 장 전도사가 정말 지극 정성인 것 같네."

처음 들을 때는 '아, 그렇지. 우리 남편이 참 가정적이지'라고 생각했는데, 순간 아차 싶었다. '이것이 과연 칭찬인가?'하고 되짚어 보게 되었다. 교역자가 집에 가야 할 시간에 집에 가고 싶다고 생각하면 안 되는 건가? 그 말을 되짚어 보면 볼수록 참 많은 감정이 들었다. 퇴근 시간에 집에 가고 싶은 사람의 마음은 피차일반 아닌가.

남편이 같이 사역하는 목사님과 대화하다가 들은 말이 있다. 그 말에 우리 둘 다 크게 공감했다.

"일반 회사는 혼자만 사회생활하면 되는데, 교회 사역자는 온 가족이 다같이 사회생활을 해야 해. 그게 힘든 거야."

교회 구성원은 사모가 하는 행동과 말 하나하나에 참 야박하다. 지켜보는 눈이 많다지만, 그런 시선과 말이 내 귀에 들릴 때는 신경림의 시에 등장하는 동해의 파도처럼, '남에게 너그럽고 나에게 엄격해지자'라고 다짐한다.

전문가가 되라고 외치는 세상에서

AI가 사람을 대체하는 시대에 나 역시도 평생 직업은 없다고 생각한다. 전문가가 되라고 외치는 세상에서 '나는 무엇을 평생 추구해야 하는 것인가?' 하고 끊임없이 질문한다.

지금 다니고 있는 회사에서 해 주는 많은 교육을 들으면, 자기 계발에 대한 필요성이 너무 절실히 느껴진다. 아이를 키우고, 일을 하고, 교회도 섬기는 나에게 '자신을 스스로 개발시키지 않는 사람은 도태되어 미래 사회에서 더 이상 존재할 수 없을 것'이라며 거의 반 협박을 하는 듯한 압박감을 준다. 그런 사람이 되지 못하면 이 세상을 살아갈 수 없을 것처럼 다가온다. 여건상 할 수 없는 게 분명한데도, 따야 할 것만 같은 자격증 정보들을 듣다 보면 그저 그 말뿐인 정보의 무게감이 나를 짓누를 때도 많다. 어떤 분야에든 전문가가 되어야 내게 경쟁력이 생기고 다른 사람보다 돋보이게 살아갈 수 있다고, 보통의 삶이란 그런 삶이어야 한다고 되뇌게 된다.

그러다 보면 새삼 초라해진 내 모습이 보인다. 물리적으로

할 수 없는 일들을 붙잡고 머리를 쥐어뜯고 싸매고 있는 것이다. 자격증을 하나 따면, 그다음 자격증, 요즘 유행하는 기술들을 계속 섭렵해 나가야 하는 무한 반복의 궤도에 나를 올려놓고 있었다. 하지만 내 속을 가만히 들여다보니 남과 비교하는 비교 의식이 있었고, 남보다 잘되고 싶은 나의 욕심이 자리 잡고 있었다. 내가 스스로 자신을 누르는 추를 더 얹고 있었던 것이다.

무엇인가를 계속 배워야 하는 세상이 너무 힘들었다. 결국 눈에 보이는 자격증이 있어도 또다시 아무것도 되지 못하는 나를 깨달으면서 그 감정은 더욱 격해졌다. 더 그럴싸해 보여야 했고, 더 있어 보여야 하는 무언가를 추구해야 했다. 목표는 처음부터 너무 작아서는 안 되고 남들 하는 만큼, 그 반의 반만큼이라도 세워야 했다. 그 속에서 계속해서 좌절을 겪으며 한 발을 내디디려고 하는 시도조차도 때로는 정말 많은 힘이 필요했다. 무언가를 계속 채우지만 더욱 말라 가고 깊어지는 웅덩이 때문에 채워도 나올 것이 없는, 그런 고갈되는 삶을 살아가고 있었다.

하나님이 원하시는 자격증은 무엇인지, 하나님은 나를 어떤 전문가로 부르셨는지, 수많은 교육을 들으며 계속 질문했다. 주님은 나에게 도대체 무엇이 되라고 하실까?

매주 교회에 출석한다고 자격증이 주어지는 것은 아니다. 아이를 돌본다고 개근상을 주지 않고, 남편을 잘 보필한다고 수료증을 주지도 않는다. 엄마라는 것은 빛나는 졸업장도 받지 못하는 역할이다. 사모라고 명함이 나오는 것도, 명패를 달아주는 것도 아니다. 종이 한 장, 수훈 하나도 받지 못하는 사모의 삶에서 내가 바라봐야 할 것은 도대체 무엇일까?

늘 무엇인가를 증명해 내야 하는 세상에서, 게다가 나만을 위한 삶이 아닌 나름 사모로서 남편을 위한 삶 또한 살아 내야 했다. 처음에는 그 사실이 도저히 받아들여지지 않아 힘겹기도 했다. 하지만 분명하게 알게 된 것은 주님은 나를 남편만을 위한 삶으로 부르지 않으셨다는 것이다. 주님은 그저 단지 나를 한 명 한 명 그 영혼을 위한 삶으로 부르셨다는 것이다. 그제야 깨달았다. 나에게는 더 이상 사라지지 않고, 유행을 타지고 않으며, 2년마다 갱신하지 않아도 되고, 고갈되지 않는 기쁨을 채우는 자격증이 있다는 것을! 그건 바로 예수님과 함께함에 있어 자격증을 가진 전문가가 되는 것이다.

그렇다. 비록 손에 들리는 어떤 증(證)은 주어지지 않아도, 누가 공인해 주는 자격증은 아닐지라도 내가 선포하면 그렇게 될 수 있다. '예수님과 함께하는 것에 있어서 전문가가 되어 보는 것은 어떨까?' 하는 생각은 이런 세상에서 좌절을 겪는 나를 자유롭게 해 주었다. 예수 동행의 전문가로 살아가자는 다짐이 나를 자격증의 늪에서 꺼내 주는 열쇠가 되었다. 주님은 계속해서 자격증을 갱신하며 사는 삶으로가 아니라, 예수님을 바라보며 사람들을 돕는 통로로 쓰이는 예수 동행의 전문가로 나를 부르셨다고 믿고 선포하고 있다.

사모이기 이전에 한 사람으로, 세상이 원하는 사람이 되기 이전에 주님이 원하는 사람으로 그렇게 자라가고자, '예수 동행의 전문가'로 살아가 보고자 오늘도 결심한다.

남편이 이 세상을 떠난다면

목사의 아내를 '사모'라고 한다. 그렇다면 목사가 없어진 사모는 무엇일까? 들리는 이야기 중에 목사님이 투병하다가 돌아가시니, 사택을 비워 달라고 요청하여 거리에 나앉게 된 사모님들이 있다고 한다. 목사 남편이 사라지면, 아내인 사모는 이제 무엇을 하며 살아야 하는가?

사모 세미나에서 들었던 질문이었다. 당장 남편을 향한 불만으로 가득했던 내 머릿속에 '내 남편이 죽는다면, 사라진다면'이라고 상상하니 갑자기 너무 눈물이 났다. 슬프고 아리고 아팠다. 그다음에는 내 삶이 불쌍해서 울었다. '정말 나는 아무것도 아니었구나. 그렇다면 나는 어떠한 삶을 살아야 하나?'라는 물음표가 달리기 시작했다.

내가 먼저 죽을 수도 있다. 사모가 죽는다고 목사가 더 이상 목사가 아니게 되는 것은 아니다. 하지만 남편이 죽는다면 사모를 더 이상 사모라고 하지 않는다. 죽음이 아니더라도, 남편이 목회를 그만두게 되면 그때도 남편의 아내는 더 이상 사모가 아니다. 그렇다면 나는 판타지 소설에 나오는 회귀자처럼 다른 인생을 살게 된다.

선하신 주님은 나를 왜 사모로 부르셨을까? 남편을 위해서 일까? 나를 위해서일까? 나는 나를 위해서라고 믿는다. 왜냐하 면 남편 때문에 사모가 되었지만, 나에게 개인적으로 부어 주 시는 은혜가 더 크기 때문이다. 사모이기 때문에 교회를 생각 하게 하고, 사모이기 때문에 기도하게 되고, 사모이기 때문에 성경을 보게 된다. 물론 사모이기 이전에도 주님과의 관계의 중요성은 너무도 잘 알고 있었지만, 사모로서의 책임이라는 것 이 생긴다.

내가 사모가 아니게 된다면, 나에게 남는 건 결국 나와 주님 과의 관계이다. 현실에서는 남편 목사의 아내인 사모일지라도, 주님 앞에 설 때에는 목사의 사모가 아닌 오롯이 나 혼자가 된 다. 운전을 하면서 가다 보면, 터널을 통과할 때가 있다. 어른거 리는 불빛 아래 나는 죽음을 생각할 때가 많다. 내가 죽으면, 나 는 주님 앞에서 무엇일까? 그저 예수님을 잘 믿다 온 그런 사람 이고만 싶다.

그래서 내가 집중하는 것은 남편의 영육의 강건함이다. 예 전에 교회에서 기도하시는 권사님들이 "목사님의 영육을 강건 케 하시옵고"라고 하는 기도를 들을 때마다 그것이 으레 하는 습관적인 기도처럼 느꼈었는데, 지금 내가 남편을 위해 영육의 강건함을 달라고 하는 기도는 찐이다. 진심이다. 남편이 오래오래 건강하고 행복하게 목회했으면 좋겠다. 우리의 마지막이라고 하는 순간이 올 때, 그 마지막을 인생에서 잘못된 선택으로 한 실수로 맞이하는 것이 아니라, 할 일을 다하고 사명을 끝내서 주님이 부르신 그때에 주님 곁에서 맞이하길 바란다.

남편이 오래오래 건강하고 행복하게 사역했으면 좋겠다.

어린아이들과 주일 성수하기

아이들이 어릴 때 남편에게 제일 서운해했던 날은 바로 주일이었다. 평일에 아이들을 등원시키는 거면 괜찮다. 왜냐하면 내가 화장하고 옷을 골라 입지 않아도 되기 때문이다. 그런데 주일 오전에는 시간에 맞춰 변수가 많은 아이들을 먹이고 입히고 준비시키고, 또 나까지 치장해서 가야 한다. 아이가 칭얼대면 어르고 달래며, 한 명은 안고 한 명은 손을 붙잡고 교회까지 가는 것이다. 늦지 않으려고 아무리 바둥거려도 늦는 날이 꼭 생겼다. 그 정죄감은 펜데믹 시절 온라인 예배드릴 때가 행복하다는 생각이 들 정도였다.

가장 먼저 눈치가 보인 건 남편이었다. 성도가 많은 대형 교회라 하더라도 사모의 얼굴에 목사의 얼굴이 겹쳐보이는 건 동일하다. 편의점에서 아이들의 간식을 사서 들어가는 것도 눈치 보이고, 혹시 늦을까 차를 타고 가면 주차가 힘들고, 엘리베이터를 타게 되면 또 많은 성도님들과 대화를 해야 해서 마음이 힘들 때도 많았지만, 그 평판이 남편에게도 영향을 끼칠까 걱정이 되는 마음이 제일 컸다.

그렇게 정신없이 영아부실에 들어가면, 아이들을 조율하느라 예배에 집중하기가 힘들었다. 내 아이가 다른 아이를 해코지하지는 않을까 노심초사하고, 아이들을 화장실에 데려다 주고, 물 챙겨 주고, 간식 챙겨 주고, 조용히 하도록 장난감으로 놀아 주고, 색칠 공부해 주고, 그림도 그려 주고…, 흘리면 닦아 주고, 싸면 갈아 주고, 그러면서 예배에 집중하는 척했다. 그러다 보면 시간이 어떻게 흘러가는지도 모르다가 예배가 끝난다. 그러면 또 점심을 먹여야 하는 전쟁이 치러진다.

전쟁터 영아부실에 들어가야 하는 주일에는, 마음의 준비를 단단히 하고 가도 얼굴에 자연스러운 미소를 짓기가 쉽지 않았다. 그랬던 기억이 거의 없다. 그저 지쳐서 무표정하게 있거나 의지적으로 억지 미소를 지었던 몇 년의 시간이 떠오른다. 오후 예배 시간이 되면 커피를 아무리 마셔도 피곤함과 노곤함이 눈꺼풀을 무겁게 해서 예배 시간에 많이 졸기도 했는데, 그런 나를 지켜보던 아이가 사모님이 예배 때 졸았다면서 예배 끝나고 성도님에게 쪼르르 가서 이야기했던 적도 있었다. 본인은 엄청 떠들었으면서….

영아부실에는 국룰이라는 게 있다. '영아부실에서는 한 명의 부모만 아이와 함께한다. 장난감은 갖고 오지 않는다. 간식은 나눠 먹는다.' 뭐 이런 거였다. 그런데 자신의 장난감을 자랑하는 것이 좋아서 교회에 오고 싶은 아이도 있을 수 있다. 그런 경우 예외적으로 장난감을 가지고 오게 된다면 영아부실의 친구들와 사이좋게 가지고 놀게 하는 것도 국룰에 포함되었다. 국룰은 모두가 이미 알고 있다는 전제하에 국룰인데, 정작 모르는 사람에게는 아무 말도 하지 못한다. 그 당시에는 그저 말하지 않고 가만히 있는 것이 사모의 미덕이라고 생각했던 것 같다. 형편상 아이에게 많은 장난감을 사 주지 못했는데, 아이가 너무나 좋아하는 장난감을 한 친구가 매주 많이 가지고 왔다. 그런데 그 친구가 예배 시간 내내 우리 아이들이 장난감을 건드리지도 가지고 놀지도 못하게 하는 것 아닌가. 그리고 그 친구의 부모님은 영아부실에 들어오지도 않았다. 나 혼자 그 상황들을 조율해야만 했다.

그다음 주 시댁에 가게 되었는데, 아버님이 아이들에게 장난감을 사 준다고 하셔서 장난감 가게로 갔다. 첫째 아이는 교회 아이가 가지고 놀지 못하게 했던 바로 그 로봇을 계산대에서 들고 해맑게 웃는데, 서럽고 억울하고 분하고 미안하기도 한 여러 감정이 가슴에 얽혀 아버님 앞에서 울고, 어머님에게도 상황을 이야기하면서 또 울었던 기억이 있다. 먹먹하고 답답한 마음으로, 소리 나지 않는 울음으로 주님 앞에서 또 울었다.

결국 아무것도 바뀐 것 없이 시간은 지나갔고, 사역지를 옮겨야 하는 때가 되어 마지막 인사를 하던 날, 그 친구의 부모님이 우리 아이들에게 로봇을 하나씩 사 주셨다. 미안한 마음이 담겨 있다는 생각이 들었다. 그 마지막 인사가 그래도 위로가 되었다. 성도와 싸우자고 덤비는 내 아이만 생각하는 엄마였다면 어땠을까? 내 마음이 편했을까? 그것도 아닌 것 같다. 사모이기 때문이 아니라 그런 시간을 보낸 엄마라면 누구나 그 순간의 지혜가 필요하지 않았을까.

워킹 사모

남편과 결혼하기 전에 직장을 다니고 있었다. 그런데 남편과 결혼 후에 고민이 생겼다. 일을 계속하는 것이 맞는 것인가, 그만두는 것이 맞는 것인가? 주변 목회자 부부에게 많이 여쭈어보기도 했고, 기도해 보기도 했다. 나의 상황과 연관지어 주님께 많이 여쭈었다.

이런 질문들에 휩싸여 있던 어느 날, 내가 너무 답에 집중하고 있다는 것을 깨달았다. 맞춤식 1:1 교육을 바로 주님이 이미 하고 계셨기 때문이었다. 주님은 나의 모든 상황과 환경을 아신다. 일을 해야 할 필요가 있을 때는 일을 하게 하셨고, 일을 할 필요가 없을 때는 일하지 않게 하셨다.

자녀 중 첫째가 어릴 때였다. 남편의 첫 번째 사역지를 마무리하고 다른 사역지를 결정하려고 할 때, 단호하게 말했다.

"주일에 같은 교회를 다니려면, 집 근처의 사역지로 알아봐 줬으면 좋겠어. 그렇지 않으면 나는 같은 교회를 다니기 힘들 것 같아."

왜냐하면 남편은 파트 사역을 해야 했던 신대원생이었고, 나는 평일에는 일을 하고, 주말에는 어린아이를 데리고 독박 육아를 해야 할 것이 뻔히 보였기 때문이다. 그래서 당시 살고 있던 지역을 벗어나는 것이 어렵다는 생각밖에 들지 않았다.

둘째를 출산하고 또 사역지를 옮겨야 할 때가 되었다. 이번에는 남편이 정말 배우고 싶은 사역지를 주님이 허락하시면 지역과 상관없이 가도 되겠냐고 물었다. 둘째를 낳고 일을 쉬고 있는 중이었는데, '직장에 복귀를 해야 하나' 하는 고민과 갈등을 하던 시기였다. 나는 지역과 상관없이 남편이 배우고 싶은 사역지로 가자고 답했고, 우리 부부는 기도 끝에 사역하는 지역을 옮겨 다른 곳으로 이사를 갔다.

사역지를 옮기는 환경은 똑같은데, 왜 다른 선택과 방법이 나왔을까? 때에 따라 주님이 우리 가정에 맞게 인도해 주셨다고 생각한다. 첫째 때는 일이 필요했던 시기였고, 재정적으로도 그랬지만, 스스로의 정체성의 문제에서 육아와 신앙에서 아직 힘겨운 씨름을 할 때였다. 주님 안에서 정체성을 확립하기보다 일로 더 인정을 받고 싶었던 시기였다. 물론 그때도 남편의 목회 사역을 지지했다. 아이를 낳기 전까지는 같은 부서에서 같이 섬기며 교사나 반주자로 함께했다. 아이를 낳고 나서 부서를 떠나니 남편의 사역보다 육아 환경이 더 중요해졌다.

일을 할지 말지를 결정할 때, 그 '기준'이 중요하다는 생각이 든다. 돈이 목적이기 때문에 일을 하는 것인지, 주님의 부르심 앞에 지금 일을 해야 하는 때인지를 물으며 나아가야 한다고 생각한다. 그리고 그 안에서 내가 남편이 하는 사역을 단순한 직업으로만 여기는지 함께해야 하는 사명으로 여기는지 점검해야 한다. 복음으로 사람을 세우고 제자화하는 것을 목회자인 남편을 통해서 주님이 필히 일하신다는 걸 믿어야 한다. 삶을 살아가다 보면, 그렇게 느끼지 못해 오히려 남편을 방해하는 나 자신을 발견할 때도 많다. 하지만 다시 돌이킬 수 있는 이유는, 남편이 하는 사역이 혼자만의 일이 아닌 나와 함께해 나가야 하는 하나님 나라를 위한 귀한 일이라는 것을 알기 때문이다.

둘째를 낳고 2년간 원래 하던 일은 그만두었다. 하지만 친구와 동업해서 스마트 스토어도 열고, 영양제 공부도 해 보고, 뜨개질도 배우고, 돈 버는 일만 하지 않았지 여러 가지에 일하는 것 만큼의 에너지를 쏟았다.

개척을 하고 다시 전에 하던 일로 복귀했다. 내가 하는 일은 주님이 주신 사명이 아니라는 생각이 들지는 않는다. 평생 할 수 있는 일인지는 아직도 늘 고민이지만, 지금 하는 일도 믿지 않는 영혼을 위한 일이라고 생각한다. 그리고 아이들을 돌보는 일에 더 힘을 쏟고 있다. 일을 하지 않을 때보다 더 시간을 아끼고 줄여서 내 아이들을 돌볼 계획을 짜고, 교회를 섬길 시간을 확보한다.

목회자 부부가 정말 서로를 사랑하고 존중하는 마음으로, 서로가 서로를 알아 가고 인정하며 하나님 아버지가 서로에게 주신 은사를 어느 분야에 어떻게 펼치기 원하시는지, 어떻게 해야 서로 시너지가 나는지 함께 찾아가는 시간이 꼭 필요하다고 생각한다.

일을 할지 말지, 어떤 선택이든 내가 왜 어떤 이유에서 그런 선택을 하려는 것인지 면밀하게 성령님의 조명하심 아래 점검해야 하는 것은 확실하다. 나의 욕심인지, 현재 상황에 따른 필요인지, 가정을 위한 일인지, 주님께 분별하는 지혜를 구하며 충분히 부부의 합의가 이르기까지 기다려야 한다. 워킹 사모든 전업 사모든 그것이 중요한 것이 아니라, 때에 따라 주님이 원하시는 모습으로 사는 것이 중요하다.

살림 못하는 사모

'집 안의 모습이 나의 영적인 상태이다.'

선배 사모님들로부터 들은 말이다. 이 말을 처음 들었을 때 너무너무 무서웠다. 나는 정말 정리도 못하고 살림도 너무 못하는데, 나의 영적인 모습이 이렇다니!

나는 참 살림을 못하는 사람이다. 남편과 크게 다툰 적이 딱 한 번 있는데, 그 이유도 내가 청소를 잘 하지 못해서 벌어진 감정 싸움이었다. 그 후로 살림이 무엇인지 배우고 싶어서, 살림 잘하시는 사모님 댁에 방문도 해 보고, 일본 사람들이 정리를 기가 막히게 잘 한다기에 정리에 관한 책을 사서 읽어 보기도 하고, 유튜브에서 살림 잘하는 사람의 영상도 찾아서 공부하기도 했다.

그런데, 결국 이것은 나의 성향이었다. 나는 집 안이 어지럽혀져 있다고 잠을 포기하는 사람이 아니다. 어질러져 있는 상태로 충분히 숙면을 취할 수 있는 사람이다. 아이가 태어나면

사람 냄새 한 스푼, 말리지마 사모 _ 이은미

서 더 심해졌다. 만약 정리를 하겠다고 마음 먹으면, 일단 다 뒤집고 안에부터 차곡차곡 범주를 나누어 종류별로 정리해야 직성이 풀리는 사람이다. 그러니 정리하고 치우려고 결심하기가 쉽지 않다. 대대적인 큰일이 되기 때문이다. 오죽하면 남편이 하루 안에 치우지 못할 거면 뒤집지 말라는 이야기도 했었다.

물론, 발 디딜 곳도 없이 어질러져 있어서는 안 되고, 집에 먼지가 너무 많아 사람이 병에 걸려서야 되겠냐마는, 정리를 잘하지 못하는 나의 이런 모습에 대한 힘듦을 여동생에게서 위로받곤 했다.

"언니, 옷은 빨랫대에서 걷어 입히는 거지?"
"언니, 짐 정리는 이사 가기 전날에 하는 거야."

이 말이 얼마나 위로가 되던지…. 서로 살림하는 성향이 비슷해서 그런 걸까? 여동생의 말이 그 당시 나에게는 아주아주 큰 위로가 되었다.

살림도 재능이다. 하지만 노력하면 발전할 수 있다. 나는 살림에 재능이 없지만, 그렇다고 살림하기를 포기하지는 않았다. 느리지만 조금씩 발전하고 있다고 생각한다. 다른 집에서 무언가 보고 오면 우리 집에 적용해 보고, 혼자서 가구를 옮겨 보기도 한다. 후천적으로 습득된 살림 팁은 바로 '버리기'이다. 버리고 비워야 정리가 된다.

집을 깨끗하게 하기 위해, 집을 치우기 위해, 날을 잡고 손님을 초대하기도 한다. 그러면 못해도 이틀에서 일주일은 집을 정리하는 데 온 신경을 쏟기 때문이다. 원래 예스맨인데, 누군가가 집에 온다고 하면 신경이 많이 쓰인다. 왜냐하면 '사모가, 집 정리도 못하네'라는 소리를 들을까 봐 그렇다.

돌이켜 생각해 보면 참 억울하기도 하다. 대학교 졸업 때까지 공부만 하고 집 밖으로만 돌아다니다가, 결혼을 해서 덜컥 살림이라는 것을 해야 하니 살림을 못하는 게 당연한 것이 아닌가! 그런데 혼자서 사모라는 이유로 기준을 높이 잡고 있던 건 아니었을까 돌이켜 보게 된다. 그래도 집 안을 깨끗하게 정리하고 인테리어도 잘해 놓고, 언제든 누구나 집으로 초대할 수 있는 상태로 집 안을 유지하시는 분들, 특히 그런 사모님들을 보면 부러운 마음이 들기도 한다.

집 안을 정리하는 상태가 나의 영적인 지표를 나타낸 적도 있었다. 하지만 주님과 친밀하느라 밀린 빨래를 생각해 본다면, 꼭 정돈되지 않은 내 집을 전부 주님과의 관계로 연결하는 것은 옳지 않다고 생각한다. 나는 살림을 못하는 사모이지만, 살림을 포기하지는 않은 사모이다.

낙오자 사모

어느 추운 날 카페에 앉았다. 따뜻한 커피 한 잔에 만족하면서 성경을 펼치고 필사를 하고 있었다. 슬금슬금 힐끔거리는 것 같은 주변 사람들의 시선이 신경 쓰였다. 순간 새벽을 깨워 집에서 필사를 하고서 나오지 못한 내가 게으르다는 생각도 들었고, 커피 한 잔 마시기보다 어려운 사람을 도와야 하는 것 아닌가 하는 마음도 들었고, 그저 커피 한 잔 마시려고 카페에 나와 있는 나에 대한 타인의 시선에 마음이 조금도 편하지가 않았다.

왜 이런 것인가? 내가 사모라서 그런 것인가? 나는 무언가를 하면서도, 무언가를 더 해야 한다는 생각이 든다. 남편도, 성도들도, 아무도 나에게 사모니까 무엇이라도 더 하라고 하지를 않는데, 나의 이 불안한 마음과 눈치 보는 마음은 어디로부터 비롯된 것일까? 생각이 뒤엉켜 있는 그곳에서 하나하나 되짚어 보며 실마리가 될 만한 것을 찾아보았다. 그러다가 순간 울컥하는 감정이 들었다.

나의 가늠할 수 없는 미래 때문이었다. 나는 한 치 앞도 알수 없는 미래를 위해 지금 무엇인가를 배우거나 학위를 따거나 목회에 여러모로 도움이 될 만한 것을 준비해야 한다는 압박감이 있었다. 그 압박감은 나 자신도 알아차리지 못하게 조금씩 조금씩 나를 조여 오고 있었다.

　　이럴 땐 다른 방법이 없다. 잠잠히 주님 앞에 머물러야 한다. "주님, 주님이 저에게 원하시는 것은 무엇입니까?" 계속 물어봐야 한다. 이 질문이 몇 번째인지 모른다. 그러나 주님은 변함없이 늘 나에게 같은 마음을 주신다. 늘 같은 질문에 같은 대답. "은미야, 나에게는 너의 학위도, 자격증도 필요하지 않단다. 사모라면 응당 해야 하는 배움의 영역이라는 것도 딱히 있지 않다"라고 하신다. 그저 "나와 같이 놀자", "나와 기쁨을 누리자", "나와 사랑의 관계를 갖자"라고 하신다.

　　그럼 나의 이 불안은 어디서 오는 것인가? 주님의 그 마음이 와 닿다가도 저만치 사라진다. 돈을 벌고 싶지만, 돈을 바라지 않는 삶을 살아간다. 필요하지만 더 원해서는 안 된다. 그 신앙의 양심과 세상적 가치관 사이에서 부대끼고 있는 것 같다. '그 갈등 속에 일어나는 사모의 죄책감이 아닌가?', '사실 돈이 많으면 좋고, 자격증이 있으면 더 떳떳하고, 앞으로 목회적 비전에 나의 일정 소명을 감당할 수 있는 것 아닌가?' 하는 생각

사람 냄새 한 스푼, 말리지마 사모 _ 이은미

이 수도 없이 든다. 심지어 '더 뭔가 떳떳하고 공신력 있는 어떤 사람이 되어 그럴싸한 사모로 있는 것이 더 좋지 않을까?' 이런 종류의 생각들이 나를 뒤덮기도 한다. 그런데 그런 내 모습은 누구에게 그럴싸한 것이고 누구에게 좋은 것일까? 결국 돌고 돌아 내린 결론은 '이 모든 번뇌는 주님으로부터 온 것이 아니라는 것'이었다.

주님은 스스로 아등바등하는 나에게, 사모니까 무엇이 되라거나 무엇을 하라는 그 어떤 것도 요구하지 않으신다. 나는 그저 내 자리에서 내가 원하는 것과 주님이 원하시는 것이 일치하기를 간절히 바랄 뿐이다. 아마 그것이 일치하지 않았기 때문에 낙오자 같은 마음이 든 것이라고 생각한다. 세상이 내 눈앞에 훤히 보여도 비교하면 안 되고, 돈이 없어도 없어 보이면 안 되고, 나름 치열해도 나의 치열함은 아무런 의미가 부여되지 않는다. 그래서 그 모든 행위가 부질없어 보이는 마음, 이런 낙오자 같은 마음을 주님이 주섬주섬 주워 주신다. 마치 사모학이라는 과목을 주님께 배우는 기분이다. 사모로서 살아가는 삶이란 무엇인가? 그저 주님과 친밀하게 교제하는 삶. 그것이 전부가 아닐까?

땅따먹기 게임

개척을 한다고 하면, 그 전에 사역했던 교회에 보고를 하게 된다. 그럴 때 여러 가지 반응이 나타난다. 그 반응을 보고 우리는 낙심과 좌절을 하기도, 또는 감사와 기쁨을 갖기도 한다.

교회가 언제부터 땅따먹기 게임같이 되어 버렸을까? 교단마다 다르겠지만, 우리 교회가 속한 교단 목사님들 중에는 "자신이 속한 지역에서는 절대 개척하지 말라"라고 엄포를 놓은 분들도 있었다. 우리가 개척할 때 주셨던 마음은 잉태한 임산부, 막 출산을 앞둔 산모와 같은 마음이었다. 이미 10개월 동안 품었고, 이제 출산이 임박하여 건강하게 낳기만을 바라는 마음이었다. 개척 교회는 주님이 낳으시는 자녀와 같다고 생각했다. '인구 절벽'이라는 단어와 같이 교회의 교인들도 줄어 가는 이때에, 더 많은 교회가 생겨서 믿음의 성도들이 더 생겨나야 하는 것이 아닌가? 교회마다 그 지역에서 저마다의 역할이 있듯이, 규모가 크든 작든, 아이가 크게 자라건 작게 자라건, 잘 자라도록 북돋아 줘야 하는 것이 아닌가?

언제부터 교회가 수평 이동을 경계하며 서로의 성도 머릿수를 차지하기 위해 상처 되는 말을 던져야 했던가? 아직 햇병아리 같은 개척 교회의 사모라서 뭘 모르고 하는 말일 수도 있다. 하지만 내가 성도라면, 목회자가 성도에 대해 갖는 이런 생각에 적잖이 상처를 받을 것도 같다.

땅따먹기 게임의 주관자는 주님이시고, 그 범위는 열방이다. 우리는 그의 말씀에 따라 최선을 다해 영역을 확장해 나가면 된다. 개척하시는 모든 목사님을 응원하고 싶다. 더 격려해 드리고 싶다. 어떠한 형태의 교회든 주님이 주신 마음을 견지하고 끝까지 자라 가시길 북돋아드리고 싶은 마음이 간절하다.

'오는 성도 막지 않고, 가는 성도 막지 않는다'라고 하는 마음에 더하여, 만약 우리 교회를 거쳐서 떠나게 되는 성도님이 있다면 마음껏 축복하고 파송하며 보내 드리고 싶다. 전에 사역하던 교회의 너무 존경하는 목사님에게서 배운 철학이다.

얼마 안 된 개척 교회지만, 스치듯 머물다 가신 성도님들이 계신다. 결국에는 축복하면서 보내 드렸다. 마음이 쓰리지 않다면 거짓말이다. 그 성도님들이 주신 온기가 떠난 자리에 남아 내 마음에 느껴지기 때문이다. 내가 과연 성도님들을 위해 주님께 무엇을 얼마나 구했는가 점검해 보는 시간이기도 하

사모들의 속마음

다. 각자의 사정으로 각자의 필요에 따라 떠나가시는 분들에게 뭐라고 할 수도 없다. 내보일 것이 없는 개척 교회의 현실이기도 하다. 막연히 생각은 했지만 막상 닥치니 쉽지 않았다. 하지만 그럼에도 불구하고 결국에는 축복하는 마음으로 보내 드리는 것이 맞다고 생각했다. 그것이 맞다. 우리는 모두 하나님 나라에서 함께 볼 형제자매들이 아닌가? 제 밥그릇만 챙기듯, 교회의 성도들을 그렇게 생각하지 않기를 간절히 바란다.

사람 냄새 한 스푼, 말리지마 사모 _ 이은미

화성에서 온 목사,
금성에서 온 사모

이정희

사람을 좋아하고, 대화는 더 즐겨하며, 재미를 추구하며,
일상에서는 하나님 사랑과 이웃 사랑을 실현하는 삶을
지향하는 한 사람으로 살아가고 있다.
편집디자인이라는 일을 매우 사랑하며,
15년 넘게 직장 쉬지 않고 생활을 해 왔다.
현재는 퇴직 후 잠시 쉼을 갖고 있으며,
결혼 11년 만에 아이를 기다리고 있다.
남편은 한 교회에서 파트 목사로 12년째 섬기고 있으며,
신학교 교직원으로 이중직을 하게 된 지 3년 차다.
하나님의 은혜로 안정적이고
행복한 결혼 생활을 하고 있다.

내게 주신 천직

나는 '편집 디자이너'이다. 학창 시절부터 명랑 소녀였던 나는 놀기만 좋아하고 공부해야 하는 이유를 몰랐다. 어릴 적 나는 미래를 준비한다거나 두려움이라는 것을 망각한 채 단순함의 극치를 달리기만 했던 것 같다. 고등학교를 진학할 때는 주변의 온갖 반대를 무릅쓰고 무작정 상업고등학교로 진학했다. 상고에 진학해서 공부를 잘하면 더 많은 유익이 있을 것 같았다. 그러나 상고에서 공부를 해 보겠다던 결심은 너무나도 쉽게 무너져 버렸다. 결국 3년을 내내 신나게 놀다가, 졸업과 동시에 강남의 어느 대형 어학원에 경리로 취업을 하게 된다. 그러나 머지 않아 사표를 던지고 말았다. 그 시절 어느 회사나 있을 법한 상사의 폭언이 힘들기도 했지만, 짧은 회사 생활에서 내가 숫자를 다루는 일과는 거리가 먼 사람이라는 것을 금세 깨닫게 되었다. 그것은 단 하루라고 할 지라도 시간을 더 지체할 필요가 없음을 알게 한 아주 귀한 깨달음이었다.

짧은 3개월의 경리 근무를 끝내고, 강남 한복판에서 토스트

장사도 해 보았다. 무작정 미래를 위해 이것저것 배워 보기도 했다. 돌이켜 보면 그때까지는 내가 좋아하는 것을 찾지 못해서 사회에 표류해 있던 시간이었다.

사람은 언젠가는 철이 든다고 했던가? 스물두 살이 되어서야 아무 생각 없이 살던 시간을 뒤로하고, 인생 설계에 대한 강력한 필요성을 느꼈다. 우선 공부를 해서 대학에 진학해야겠다고 생각했다. 그러기 위해서는 재수 학원을 등록해야 했는데, 그러려면 나의 지난 과오를 모두 지켜봐 온 '아빠'라는 산을 넘어야만 했다. 아빠는 공부를 하겠다는 딸의 말에 불신이 가득했지만, 나는 그런 아빠를 설득해 재수 학원 등록비를 투자받아야만 했다. 나의 의지를 시험하고자 했던 아빠의 테스트를 어찌저찌 통과했고, 끝내 아빠의 허락을 받아 냈다. 자식 이기는 부모는 없다고 하지 않은가? 나름 반항 한 번 없이 순종적으로 자라 온 딸이 어쩌면 최초로 자신의 뜻을 부모님에게 관철시킨 순간이었다.

재수 학원의 시간은 따뜻했다. 나름 최선을 다한 시간이었다. 수능 시험을 치르고 호기롭게 3개 대학에 모두 상향 지원을 했지만, 결국 낙방하고 말았다. 그러나 모든 4년제 대학에 떨어진 그 시점이 오히려 나에게 삶의 진정한 터닝포인트가 되었다.

"정희야, 전문대 원서, 나 믿고 한번 써 보자. 내가 보기에는 산업 디자인과가 네 적성에 맞을 것 같아. 손재주도 있고 그림도 그리면 잘 그릴 것 같아. 지금 입학해도 이미 남보다 2년 늦은 대학 생활을 해야 하는데, 차라리 전문대라도 네가 잘할 수 있는 과를 선택해서 빨리 졸업하는 게 낫지 않겠니? 진짜 오빠 믿고 한번 원서 넣어 봐."

같은 반에 있던 한 오빠가 나에게 해 준 말이다. 나의 손재주를 알아보고 내가 잘할 수 있는 전공으로 전문대학에 진학해 보라던 말이 당시 아주 마음 깊이 박혔다. 나도 나를 잘 모르던 시절 누군가 날 알고 끌어 준 이 경험은 신비롭게 느껴지기까지 했다.

다행히 전문대에 당당히 합격했고, 대학에서 공부한 2년은 정말이지 너무도 행복했다. 드디어 내가 좋아하고 사랑하는 일이 무엇인지 알게 된 것이다. '산업디자인'이라는 전공을 잠까지 줄여 가며 공부할 만큼, 잘해 내고 싶다는 강한 열망에 사로잡혔었다.

나는 지금 내가 하는 일이어서가 아니라 순수하게 '디자인'을 좋아한다. 공부를 시작하고 디자이너로 살아가는 지금에 이르기까지 누군가는 우연이라고 생각할 수 있겠지만, 분명 강력한 주님의 '개입하심'으로 인도된 과정이었다고 확신한다. 자신이 사랑하는 일로 밥벌이를 할 수 있다는 것 자체가 얼마나 놀라운 은혜인가! 무엇을 해야 할지 몰라 갈피를 잡지 못하고 표류하던 시절을 지나, 공부를 해서 수능 시험도 보고, 대학에 진학한 일련의 여정이 있었기에, 오늘 여기 편집 디자이너로 사람답게 살아가는 내가 있을 수 있었다. 나를 가장 잘 아시고 가장 사랑하시는 주님이 나를 가장 선한 길로 인도하시려고 삶의 과정 과정마다 개입하시고 간섭하셔서 지금의 나로 있게 하셨다. 할렐루야!

내가 사랑한 남자

"첫사랑은 이루어지지 않는다"라고 했던가? 나는 첫사랑에 성공했다. 꽃다운 나이 열다섯에 남편을 처음으로 만나고 서른하나에 결혼을 했다. 중학생 때 한 친구로부터 〈문학의 밤〉에 초대받아 방문했던 교회에서 빛나는 한 사람을 발견했는데, 이후 매주 그 교회에 출석하기 시작했다.

우리는 그렇게 처음 만났다. 인기를 몰고 다니던 교회 오빠이자 목사님의 아들이었던 그는 내가 1년이라는 긴 시간 동안 끈질기게 구애한 끝에 쟁취한 남자다. 네 살이라는 나이 차이도 사람들의 눈살을 찌푸리게 하던 시절이었는데, 당시 청소년과 성인이 만나 연애를 하다 보니 우리의 시작은 어느 누가 봐도 일반적이지 않았다. 그렇게 우리는 내 나이 열다섯에 만나 스물여섯이 될 때까지 (몇 번의 헤어짐은 있었지만) 10년이라는 긴 세월을 한결같이 사랑했다.

목회자의 자녀였지만 그때까지만 해도 남편의 신앙은 '선데이 크리스천' 정도에 머물러 있었다. 반면 나는 어느덧 교회 생활보다 하나님의 뜻대로 살아가는 삶에 대해 진지하게 고민하며, 작은 선택조차 주님께 의탁하는 훈련의 시간을 맞이하고 있었다. "하나님, 저는 여전히 이 사람이 너무 좋아요. 이 사람 아니면 안 돼요"라고 하던 기도는 나도 모르는 사이에 바뀌어 갔다.

"하나님의 뜻은 무엇입니까? 하나님이 원하시는 대로 행하길 원합니다. 제 뜻을 주님께 관철시키지 않고 모두 내려놓습니다. 주님, 인도해 주세요. 이 사람과 가정을 이루는 것이 주님의 뜻이라면 순조롭게 인도해 주시고, 그것이 아니라면, 하나님의 뜻 안에 있지 않다면 이별조차 주님이 허락하신 줄 믿고 순종하길 원합니다."

이런 기도는 석 달이 넘도록 지속되는데, 내 입에서 나온 기도였지만 상식적으로 말이 안 되는 기도였다. 열흘 후면 상견례를 하기로 약속되어 있었기 때문이다. 이런 표현이 맞을지 모르겠지만, 당시 나는 하나님과 거래를 하려 했다. 확실한 응답이 필요하다고 생각했던 것 같다. 그와 헤어지는 건 죽어도 싫었지만, 만약 하나님이 원치 않으신다면 헤어져야만 한다고 생각했다. 하나님이 말씀하시면 그와의 헤어짐도 전적으로 순종할 참이었다. 나는 하나님께 세 가지 방법으로 나에게 말씀해 달라고 요청했다. 말씀을 통해서, 상황을 통해서, 사람의 입술을 통해서 응답해 주시기를….

그리고 기적 같은 일이 나에게 일어났다. 정말 딱 세 가지 방법으로 '결혼은 안 된다'라고 말씀해 주신 것이다. 기록을 해 두지 않아 정확히 기억이 나지는 않지만, 지금 가는 길이 아니라는 말씀에 확실한 감동이 있었고, 일주일 전에 그의 의지로 상견례가 취소되었다. 게다가 단 한 번도 우리의 만남에 대해 반대한 적 없던 오랜 친구와 지인들이 마치 입이라도 맞춘 것처럼 결혼을 다시 생각해 보라는 말을 쏟아 부었다. 지금 회상해 보아도 헛웃음만 나오는 상황이 아닐 수 없다.

이런저런 인도하심의 시간이 나에게는 결코 짧지도 않고 힘겨운 시간이었지만, 남자 친구와는 어떤 소통도 없이 오직 하나님과만 씨름하며 내린 결론이었다. 그것은 나에게 이별을 허락하신 하나님께 보일 수 있는 믿음이자 순종이었다.

전날까지 데이트하고 웃고 떠들던 여자 친구가 아무런 예고도 없이 핸드폰을 없애고 SNS를 폐쇄했다. 헤어지자는 이메일만 하나 달랑 남기고 사라졌다. 그는 하루아침에 버림받았다. 그토록 사랑했던 나에게….

그리고 4년이라는 시간이 흘러 우리는 다시 만났다. 하나님의 은혜로 헤어진 이후 사무치는 그리움이나 외로움도 없이 잘 지내고 있던 어느 날, 그날도 기도하는 중 불현듯이 그에 대한 기도가 나오는 것이 아닌가? 나는 기도를 하면서도 적잖게 당황했었다. 도대체 왜 그에 대한 기도가 나온 것인지 하나님께 물었고, 혹시 그와 나에 대한 다른 계획이 있으시다면 내일 당장 그에게 연락이 오게 해 달라고 기도했다.

누군가는 이 기도가 어처구니 없다고 느낄 수도 있을 것이다. 하나님과 거래하는 이런 기도의 방식이 정말 이상하게 느껴질 수도 있다. 평소에는 이런 식의 기도를 하지 않기 때문에 낯선 건 나도 마찬가지였다. 그런데 나는 아주 가끔 스스로도 생각하지 못한 기도가 이렇게 불쑥 튀어나올 때가 있다. 그럴 때면 이 기도가 주님이 하게 하신 기도인지 아닌지를 분별할 수 있는 지혜가 필요했다. 그래서 마치 거래를 하듯 주님께 확신을 요청하는 것이다.

그리고 또 거짓말 같은 일이 벌어졌다. 다음 날 SNS 친구 신청과 함께 안부를 묻는 쪽지가 왔다. 그에게서. 그렇게 우리는 우여곡절 끝에 다시 만났고, 다시 만났을 때 그는 전도사 신분으로 교회에서 사역을 하고 있었다.

우리는 4년 만에 다시 만나 1년 정도 연애를 하고 결혼을 했다. 내가 사랑하는 남자가 사역자였을 뿐, 나는 사모가 되고 싶다는 생각을 단 한 번도 해 본 적이 없다. 내가 사랑한 남자가 사역자였을 뿐.

헬 신혼, 하나님 VS 남편

달라도 너무 다른 우리는 서로의 다름을 인정하고 받아들이기까지 꽤 오랜 시간이 필요했다. 지난한 나의 신혼 스토리를 풀어놓으면 어김없이 받는 질문이 있다.

"10년을 만났는데도 그렇게 많이 싸우나요?"

세월과 무슨 상관이랴. '갈등'은 우리가 사는 세상 도처마다 엉큼하게 도사리고 있지 않은가? 기회를 포착해 언제든지 등장할 준비가 되어 있는 부지런한 녀석. 사탄은 갈등과 싸움을 일으킬 만한 감정을 조장하고 속이는 데 아주 탁월한 녀석이 아니던가? 우리는 신혼 시절 그 녀석과의 전쟁에서 자주 패배하곤 했다. 싸우기는 그와 내가 싸웠는데 이기는 이 없이 함께 지는 꼴을 자주 마주하곤 했다.

그와 나는 청소년과 대학생으로 만나 목사와 사모가 되기까지 오랜 세월을 함께했다. 다른 기질을 갖고 태어난 것은 서로 보완하고 닮아 가라는 하나님의 깊은 사랑과 섭리의 선물이라는 것을 결혼 8년 차쯤 되어서야 깨달았다.

새로운 일에 도전하기를 즐겨하는 나와는 다르게, 그는 주어진 일을 착실하게 완수해 내는 것을 더 중요시한다. 즉흥적인 나와는 다르게, 그는 계획에 없던 일을 하면 스트레스를 받는다. 일 처리가 빠르지만 덜렁대는 나와 다르게, 그는 속도는 느려도 실수 없이 일을 처리한다. 생각하고 느끼는 바를 낱낱이 공유하는 나와 다르게, 그는 서운한 게 있어도 여간해선 입 밖으로 표현하지 않고 참는 쪽을 선택한다. 사람들과 어울리고 대화를 통해 에너지를 얻는 나와 다르게, 그는 혼자만의 시간이 채워질 때 살아갈 힘을 얻는다. 무엇이든 겁 없이 시작하고 경험을 통해 배우는 나와는 다르게, 그는 돌다리도 두들겨 보고 건너야 하는 신중한 사람이다.

그러니 작은 일에도 부딪힐 수밖에 없는 상황들이 불쑥불쑥 튀어나온다. 내 기억 창고에 신혼 시절은 행복했던 찰나보다 힘들었던 순간들이 더 많이 쌓여 있다. 결혼하고 한 두 해는 지옥을 넘나드는 고통 속에 살았다고 해도 과언이 아니다. 그 누구에게도 말할 수 없는 사무치게 외로웠던 순간들이 차곡차곡 쌓여 있다. 그런 날들이 기도의 시간이 되고, 하나님과 독대하는 시간이 되었다. 그러다 가뭄에 콩 나듯 어느 순간 하나님의 마음이 깨달아질 때면, 힘들었던 만큼 나의 내면도 단단해지는 결실이 맺어지곤 했다.

결혼하고 남편에게 바란 단 한 가지는 내가 원하는 방식의 애정과 관심, 사랑이었다. 그에게 요청했지만, 그 사람의 고유함은 달라지지 않은 채 늘 그대로 남아 있었다. 하나님께는 가감 없이 토해 내고 매달렸지만, 내 마음의 원함 또한 그와 마찬가지로 요지부동이었다.

그러던 어느 날, 기도 중 질투하시는 하나님의 심정을 마주하게 되었다. 알게 하셨다. 느낄 수 있었다. 포효와 함께 회개가 터져 나왔다. 그토록 바라고 원했던 남편에 대한 사랑이 '하나님을 향한 사랑'을 뛰어넘어 이미 우상이 되어 있었다. 하나님의 마음이 내 마음을 관통하자 애통함이 밀려왔다. 그렇게 고통의 신혼 시기를 통과하며 주신 주님의 은혜는 슬프고도 귀했다. 고통의 깊이만큼 하나님과의 사귐도 깊어졌던 귀한 시간들. 부부 관계의 불협화음에서 오는 고통과 아픔이 커질수록 의지할 이는 오직 주님뿐이라는 것을 깨달은 경험은 오히려 하나님과 더욱 친밀한 관계로 나아가게 한 마중물이 되었다.

여성으로 태어난 나는 남편을 사랑할 수밖에 없는 존재로 지음받았다. 숙명처럼 감당해야 하는 이 감정의 소용돌이 가운데 하나님과 함께하는 성화의 과정이 참으로 귀하다. 이미 이

성으로 깨닫게 하셨고 이따금 목까지는 내려왔지만, 가슴까지는 와닿지 않았던 그 은혜. 남편을 하나님보다 더 사랑하는 것이 하나님을 얼마나 질투하시게 하는 일인지 말이다. 입술로는 하나님을 사랑한다고 고백하지만, 마음속은 남편으로 가득 차 있는 어리석은 아내의 삶으로부터의 '안녕'은 참평안으로 들어가는 지름길이었다. 인간은 하나님 안에 있을 때 가장 안전하다는 것을 다시금 기억한다. 힘들었던 그 시절부터 지금까지도 줄곧 해 왔던 기도 제목이다.

"하나님보다 남편을 사랑하지 않게 하옵소서."

부부 상담이 필요해

"우리 상담 한번 받아 볼까?"

조심스럽고 부드러운 목소리로 느닷없이 이렇게 묻는 남편에게 말문이 막혔다. 그리고 정적이 흘렀다. 관계 개선의 필요성을 외치던 나를 외면하던 남편은 어디로 간 걸까? 홀로 어두운 터널을 한참 지나온 것 같은데, 겨우 잔잔해진 호수에 돌을 던지는 것 아닌가? 누구나 그렇듯 연애를 오래 해도 서로에 대해 다 알지 못한다. 그동안 내가 알던 남편이 더는 내가 알던 그 남자가 아니었음을 발견했을 때 느꼈던 당혹스러움은 결혼식을 올린 그 순간부터 시작되었다. 물론 남편도 마찬가지였을 것이다. 골방에서의 기도 시간이 늘어나고 인고의 날들을 지나 이제 겨우 마음에 안정을 찾은 것 같은데, 이제 와서 갑자기 상담을 권하는 남편의 그 한마디가 무책임하고 야속하게만 느껴진 순간이었다.

하나님 앞에서 낮아지고 낮아지기를 간구했던 몇 날 며칠, 아니 몇 해…. 결국 하나님이 낮추시면 그때 비로소 은혜를 허락하시는 것일까? '우리 부부가 종종 부딪히는 문제가 어쩌면 내 문제 때문은 아니었을까?' 하는 남편의 의구심이 부부 상담으로 이어지게 했다. 참으로 완고했던 그의 생각을 바꿀 수 있는 분은 하나님 한 분밖에 없었다.

나는 기독교인이자 남자인 선생님을 찾았다. 부부 상담이라고 하지만 남편이 상담을 받을 때 최대한 편안하게 그 시간을 보내길 바랐다. 종교 지도자라는 사회적 위치를 가진 남편을 위해 외부의 시선이 신경 쓰이지 않도록 병원이 아닌 다른 장소에서 만날 수 있으면 좋겠다고 생각했다. 수소문 끝에 감사하게도 딱 원하는 상담사 한 분을 만나게 되었다. 은혜가 아닐 수 없었다. 보통 부부 상담은 일주일에 하루 한 시간씩, 최소 6개월을 기본으로 진행한다고 했다. 남편과 함께 상담을 받기도 하고, 따로 1:1 상담도 병행하며 상담사를 꾸준히 만났다.

기도를 병행하며 상담을 받는 동안 우리에게는 하나님의 인도하심과 간섭하심이 필요했다. 상담을 받은 날에는 서로 충분한 대화를 나누었다. 남편은 사역에 대한 스트레스가 많이 쌓여 있는 상태였고, 나와의 관계 문제까지 업무의 연장선에 있는 것처럼 느끼고 있었다. 그런 그에게 끊임없이 관심과 사랑을 받고자 하는 욕구를 드러내고 요청하는 나는 나대로 지칠 대로 지쳐 있었다. 우리는 상담 과정을 통해 누가 먼저라고 할 것 없이 서로에게 미안한 감정을 느꼈다. 그리고 각자가 힘들어하는 부분에만 초점을 맞추고 있던 '자기중심적인 상태'에서 벗어나기로 했다. 상대방의 어려움을 보고 배우자를 알아가는 시간이 되었던 것이다. 인간이 하는 사랑은 얼마나 이기적인지에 대해서도 생각해 보게 되었다. 서로를 긍휼히 여기며 아끼는 방법을 배우게 된 참 귀한 시간이었다.

어느덧 상담을 받게 된 지 3개월쯤 되었을 때, 상담을 그만 받아도 되겠다는 결론을 내렸다. 관계가 눈에 띄게 좋아졌고, 새롭게 인식하고 느낀 부분들을 앞으로 잘 유지하면 된다는 상담 선생님의 진심 어린 격려에 감격했다. 그렇게 우리는 부부 상담을 3개월 만에 조기 졸업했다. 하나님은 상담을 통해 우리를 성장시켜 주셨다. 확연히 달라진 서로를 바라보며 우리는 하나님께 감사했다.

예수님을 믿는 자라면 누구나 그렇듯, 나 역시 말씀을 의지하고 기도하는 삶을 살아간다. 어떤 상황에서도 하나님을 신뢰하고 믿음을 잃지 않으며 살아가려고 애쓰는 그리스도인이다. 사모이기 전에 하나님의 자녀이고 종이자 제자이다. 내가 만난 하나님은 전능하시며, 실수가 없는 분이다. 상담을 받은 것 또

한 하나님이 함께하시고 인도해 주심으로 이루어진 일이기에 내게는 부끄러운 일도, 숨길 일도 아니다. 면역력이 떨어져서 몸이 아프면 병원을 찾아가 치료를 받고 약을 먹는 것처럼, 마음도 이와 같다. 마음의 면역력이 떨어져 치료가 필요할 때 우리에게는 마음을 치료하는 병원이 필요할 수 있다. 귀신 들림이나 영적인 문제를 말하는 것이 아니다. 성도, 목사, 사모가 심리 상담을 받는 것이 부끄럽고 이상한 일이 아니라는 것을 우리는 알 필요가 있다. 그것 또한 하나님이 우리에게 허락하신 은혜의 한 방편으로 주신 것임을 잊지 않기를 바란다.

디자인하는 사모

눈 깜박할 사이에 나는 늙다리 디자이너가 되어 있었다. 기독교 언론사, 기획 디자인 회사, 기독교 출판사에서 일을 하며 배우고 닦아 온 세월이 15년이다. 주위를 둘러보면 디자인이 필요한 곳은 차고도 넘친다. 디자이너는 어느 영역에서든 필요한 존재다. 비영리 단체에서 활동할 때는 웹에 반영되는 이미지와 인쇄물을 디자인했었다. 가족 행사에 필요한 현수막은 늘 내몫이었고, 남편의 사역에 필요한 PPT 디자인을 하기도 한다. 친구의 결혼식 청첩장이나 순서지를 디자인하기도 하고, 청년부 수련회에서 직접 디자인한 단체 티를 입기도 했다. 청년 때는 내게 주신 달란트로 쓰임받고자 하는 열정이 넘쳐 몸을 갈아 넣었던 것 같다.

교회 좀 열심히 다녀 봤다는 사람들의 청년 때의 화려한 헌신과 봉사 이력은 나에게도 있다. 교회뿐만 아니라 디자인이 필요한 곳이라면, 누구의 부탁이든 '예스 걸'이 되어서 몸 사리는 법을 몰랐다. 그때만큼은 아니지만 사모가 되고 난 후로도

사모들의 속마음

여전히 나는 교회에서 디자인을 하곤 한다. 교회 디자인은 기획의 완성도가 엉성한 상태로 일이 맡겨지는 경우가 부지기수다. 그것은 어쩌면 당연한 일일지도 모른다. 디자인을 요청하는 분들은 대부분 전도사님이나 부목사님들인데, 그들은 항상 여러 가지 일로 바쁠 뿐 아니라 디자인을 기획하는 전문가도 아니기 때문이다. 그러면 나는 디자인을 하다가 갑자기 추가 기획을 하기도 하고 역제안을 하기도 하는데, 그렇게 서로 상생하는 관계가 되어서 결국 좋은 결과물이 나왔을 때 그 뿌듯함은 이루 말할 수가 없다.

"이번에 급하게 현수막을 해야 하는데, 혹시 사모님께 부탁을 드려도 될까요?"

당장 내일 걸려야 하는 현수막을 하루 전날 부탁할 수 있는 디자이너 사모는 교회의 입장에서 매우 유용한 카드다. 상황에 따라 빠르게 일을 마치게 되면 부탁을 한 교회 입장이나 그 일을 섬긴 나 역시 함께 안도의 숨을 쉬게 된다. 그렇다고 해서 교회의 요청을 모두 수용하지는 않는다. 지금의 나는 옛날 옛적의 그 '예스 걸'이 아니기에. 직장에서 일이 바쁘거나 개인적으로 시간을 낼 수 없다고 판단이 되면, 내가 일하는 회사로 직접 디자인을 의뢰하시길 권하기도 하고 정중히 거절하기도 한다. 나는 내 시간의 주도권이 스스로에게 있음을 마흔이 다 되어서야 깨달았다. 더불어 현재 교회에서는 헌신과 봉사를 강요받고 있지 않다는 것에도 감사하다.

가끔 디자인을 요청하시는 담당 목사님은 내게 언제나 친절하신데, 덕분에 편안하고 감사하게 마음껏 섬기는 은혜를 누리고 있다. 심지어 디자인을 할 때마다 수고했다고 사례금까지 챙겨 주시는데, 봉투를 건네받을 때마다 고개가 숙여지곤 한다. 돈을 받아서 좋은 것이 아니다. 일을 요청하고 그 일이 진행되는 과정 가운데 '존중'받고 있다는 느낌, 혹은 내가 가진 전문 영역이 '신뢰'받고 있다는 느낌을 받기 때문이다. 금액의 액수와 상관없이 사례금을 준비하는 태도는, 교회 또는 담임목사의 가치관이 교회를 섬기는 한 영혼을 존중하고 사랑하고 있음을 느낄 수 있는 지점으로 다가온다. 모두가 알고 있듯이 섬김과 헌신은 언제나 무엇을 바라고 하는 것이 아니다. 그러나 사역자나 성도에게 봉사나 헌신을 당연하게 요구하는 문화가 만연한 공동체들이 여전히 존재하고 있는 듯하다. 어쩌면 교회가 교회됨을 드러내는 일은 아주 작은 곳에서부터 빛이 드러나는 일이지 않을까.

사모들의 속마음

파트 사역만 10년째

남편은 파트 사역을 좋아한다. 10년이 넘도록 한 교회에서 파트 사역자로 섬기고 있다. 파트 사역자이지만 두 부서씩 맡았던 해가 잦았고, 늘 바쁘다. 그의 머리와 마음은 일주일 내내 설교 준비로 분주하지만, 다행히 여유 시간을 유용하게 활용할 줄 아는 사람이다. 사회체육학과 출신답게 운동을 격하게 즐기는 그는 주말을 제외하고 한두 시간씩 헬스장에 다녀온다. 남편은 만능 엔터테이너다. 교회 내 비치된 웬만한 악기는 모두 남편의 손을 거쳐 갔을 정도다. 혼자 있는 시간에는 기타와 피아노 연습하기를 좋아한다. 그뿐인가, 언젠가는 자전거에 몰두해 자전거 수리 제품까지 쟁여 놓을 만큼 자신만의 취미에 빠져 있기도 한다. 유치부를 담당하고 있는 현재 남편의 관심사는 카메라다. 부서 아이들을 사진으로 기록하고 공유하며 행복해한다. 자기 일에 최선을 다하는 만큼 자기 계발에도 부지런히 힘쓰는 모습은 나와도 참 많이 닮아 있다.

남편 못지않게, 나는 나대로 내 삶을 누리며 살 수 있다는

화성에서 온 목사, 금성에서 온 사모 _ 이정희

장점 덕에 파트 목사의 사모로 사는 게 참 좋다. 예배에만 집중할 수 있고, 사모라서 받는 압박이나 부담감은 찾아볼 수 없을 정도로 자유분방한 삶을 살아가고 있다. 이런 삶이 나에게는 은혜가 아닐 수 없다. 아주 가끔 자원하는 마음으로 교회에 필요한 디자인을 해 드릴 때가 있지만, '사모이기 때문에' 봉사를 권유받은 적은 단 한 번도 없다. 이런 삶이 가능한 건, 남편이 교회 면접을 보면서 '아내가 하는 사역이 있고, 교회를 따로 다녀야 한다'는 조건을 허락받았기 때문이다. 물론 목사 안수를 받은 이후에는 자발적으로 남편이 사역하는 교회에 등록했지만 말이다.

특별히 우리 부부가 경제적으로 아끼지 않는 것은 '나눔'과 '배움'의 영역이다. 감동이 될 때는 서로의 동의하에 생활비의 일부를 과감히 떼어내 섬기려고 한다. 무엇이든 배우고자 하는 분야에 적극적으로 투자하고 아끼지 않는 다. 나는 디자인에 필요한 프로그램, 컬러리스트, 폰트 디자인 등 그때그때 원하는 것들을 교육받으며 내게 주신 달란트를 더 강화하고자 노력해 왔다. 어쩌면 누군가는 자녀가 없는 가정이라서 다른 가정들에 비해 수월하게 결정할 수 있는 것이라고 생각할지도 모르지만, 이것은 부부의 가치관이 일치해야만 가능한 일이리라.

그렇게 10년의 세월이 흘렀다. 그러던 어느 날 저녁, 문득 궁금해 남편에게 물었다.

"지금까지 당신이 파트 사역만 해 왔던 건, 당신도 파트 사역이 수월해서였지? 전임 사역이라든지 사회적 지위에 대한 욕심이 없어서 그랬던 거잖아?!"

그런데 전혀 예상치 못한 답변이 돌아왔다. 너무 놀라 거의 5초간 아무 말을 할 수가 없었다.

"아닌데? 사실 결혼할 때 너랑 한 약속을 지키려고 파트만 계속 해 온 건데? 당연히 그 이유가 다라고는 할 수 없겠지만 가장 큰 이유라고 할 수 있지."

그렇다. 남편은 "하고 싶은 일을 하면서 살게 해 주겠다"라고 했던 나와의 약속을 지켜 내고 있었다.

나는 전임 사역으로 사택 생활을 하면서 다른 목사님과 사모님들의 눈치를 보면서 살고 싶지 않았다. 남편은 그렇게 오랜 시간, 평생 파트 사역만 해도 된다고 했던 내 말을 기억하고 있었던 모양이다. 본인이 좋아서 10년이 넘도록 파트 사역만 하는 줄 알았는데, 그저 아내와의 약속을 지키기 위한 선택이었다고 생각하니 울컥하는 마음을 지울 수 없다. 현재의 '나'의 모습으로 우뚝 설 수 있던 것은 남편의 울타리 안에 있었기에 가능했던 게 아닐까? 내가 경험한 하나님은 뚜렷한 목적과 비전을 가지고 있는 사람만을 사용하시는 분이 아니다. 하나님이 허락하신 환경과 의무, 책임 앞에서 묵묵히 하루하루를 하나님과 동행하며 살아 내는 자들에게도 역사하시고 함께하신다. 부부 공동체로 살아가게 하신 그분의 섭리와 은혜는 가히 상상할 수 없을 만큼 크고 놀랍다. 10년 뒤에 나는 또 얼마나 성장해 있을까? 우리는 어떤 모습으로 살아가고 있을까? 소망 되시는 하나님이 이끌어 가실 미래가 기대되는 대목이다.

녹아 버린 1,300만 원

뭐에 홀렸던 걸까? 일명 '다단계'라 불리는 '네트워크 마케팅 사업'에 뛰어든 경험이 있다. 가까이 지내던 친구들이 우르르 〈르○○ 사업〉에 뛰어들었는데, 그 멤버 중 마지막으로 남았던 나도 결국 합류하게 되었다. 그때까지만 해도 나는 화장품이라고는 주로 샘플만 사용하면서 누가 주면 받아쓰는 게 고작이었다. 〈르○○〉이라는 화장품 브랜드를 처음 접한 건 한 친구의 집에서였다. 여러 사람이 모여 〈르○○〉에서 꽤 높은 직급을 가진 것으로 보이는 여성 한 분을 모시고 시연회(試演會)를 하던 날 나도 참석하게 되었다. 여러 단계와 코스로 시연을 마치자 내 얼굴에서 광이 났다. 실제로 단 한 번의 시연에도 눈에 보이는 효과가 보여서 놀라지 않을 수가 없었다. 관자놀이 양쪽에 뾰루지를 늘 달고 살았는데, 일주일 동안 사용해 보고 받은 샘플을 다 쓰고 나니 마치 거짓말처럼 뾰루지가 사라지는 것이 아닌가.

화성에서 온 목사, 금성에서 온 사모 _ 이정희

'제품도 좋고, 혹시 하나님이 〈르○○〉을 우리 가정에 재정의 통로로 사용해 주시지 않을까?'

지금 보면 엉뚱한 생각인데, 그때는 진심이었다. 그날로부터 나는 일명 '조르는 기도'를 시작했고, 석 달이 지나서야 겨우 남편의 허락을 받을 수 있었다. 1,300만 원이라는 어마어마한 초기 자본을 투자해 일단 제품을 구매했다. 없는 살림에 연금 대출까지 받아 시작했으나, 네트워크 마케팅 사업은 시작부터 녹록지 않았다. 사실상 직장을 다니면서 사업을 병행한다는 것은 어불성설이었다. 화장품이라는 제품을 통해 네트워크 사업자를 찾는 일도 쉽지 않았다. 그러다 보니 그저 제품을 퍼다 나르는 일이 잦았다. 사람을 좋아할 뿐, 내게는 상대방의 지갑을 열게 하는 재주는 없었던 거다. 친하다고 생각했던 사람은 모두 만나 시연을 했고, 도표를 그려 가며 보상 플랜 설명도 열심히 해 봤으나 선물을 하거나 그냥 주는 경우가 더 많았고, 이따금 단품을 판매하기도 했지만 이렇다 할 만한 수익을 내거나 눈에 띄는 변화는 없었다. 결국 1년 반 정도 지나는 시점에 현실의 벽에 부딪혀 사업을 중단하게 되었다.

"애초부터 1,300만 원은 길에 버렸다고 생각했어."

폭풍 같은 시간이 지나고 정신을 차렸을 때 남편이 해 준 이야기다. 이 사업으로 돈을 잃게 되는 것은 물론이고 친구들과도 멀어지게 될 것을 남편은 이미 예상했다고 한다. 그럼에도 빚을 내면서까지 사업을 해 보겠다는 나를 말리지 않은 이유는 '내가 너무 하고 싶어 했다는 것.'

그렇게 네트워크 마케팅 사업 도전기는 허무하게 끝나버렸다. 투자한 1,300만 원은 녹아 버리고 빚마저 생겼지만 이 경험을 통해 얻은 것도 있었다. 첫째는 '나는 퍼 주기를 좋아하는 사람'이라는 걸 제대로 인식하는 계기가 된 것이다. 나는 남의 지갑을 여는 것보다, 나의 지갑을 열어 남과 나눌 때 더 행복을 느끼는 사람이었다. 둘째는 "어떤 일이 있어도 나는 너를 지지해"라를 메시지를 던지는 남편의 무한한 사랑을 깨닫게 되었다. 실패가 분명해 보이지만 나를 믿고 지지해 주는 존재가 있다니! 그런 존재가 바로 남편이라니! 가슴 벅차도록 든든했다. 이미 답을 정해 놓고 하는 기도가 위험하다는 걸 모르는 바가 아니었음에도 같은 실수를 범하고 사는 인생사가 참으로 재미있기도 하다. 비록 인생에 작은 오점 하나를 남겼지만, 끊임없이 묻고 선택하는 인생길에 하나님이 나의 주인 되심을 기억하게 한 값진 경험이 되었다.

나는 네가 부럽다

나는 유난히 시부모님을 잘 따르는 며느리다. 나를 낳아 주신 엄마 아빠에게도 하지 못하는 말을 시부모님에게는 스스럼없이 하는 편이다. 예수님을 믿지 않는 혈육의 친부모보다 예수 안에 가족이 된 시부모님이 편안하게 느껴질 때가 있다. 40년이 넘도록 전통적인 교회 목사의 아내로 살아오신 어머님은 종종 이런저런 푸념을 하면서 며느리인 나에게 이런 말씀을 하시곤 한다.

"나는 네가 참 부럽다"

사모이지만 직장을 다니고 있는 며느리가 부럽고, 운전면허 취득으로 활동 반경이 넓어진 며느리가 부럽고, 심지어 남편에게 애교를 부리는 모습이며 매사 밝고 긍정적인 내가 부럽다고 하신다.

나의 경험으로 인식한 교회 안의 사모는 딱 내 어머님같은 분의 모습이었다. 내 눈에 비친 사모는 자신의 속내를 자유롭게 나누지 못하고, 성도의 눈치를 봐야 하며, 남편 목사만을 내조하는 역할에 치중했다. 청년 시절 교회 권사님이나 장로님에게서 "정희, 넌 사모가 되면 참 잘하겠다"라는 말을 들은 적이 있다. 그때마다 농담이라도 그런 소리 하지 마시라며, "사모가 될 일은 없을 것"이라고 호언장담하곤 했는데, 결국 사모가 됐다. 그러나 남편과 결혼을 결정할 때도 나에게 전통적인 사모의 모습을 기대하지 않기를 신신당부했었다. 목사의 아내로 사는 건 두려웠지만, 그 목사가 지금의 내 남편이라면 살아볼 만하다고 생각했기에 선택한 결혼이었다.

요즘 사모로 살아가는 며느리를 보고 부러워할 만큼 전통적 사모로 살아오신 어머님의 마음을 조금은 이해할 수 있을 것 같다. 사모이기 때문에 일을 할 수 없었던 어머님은 본인 손으로 돈을 벌어 보고 싶어 하면서도 경제적인 독립은 꿈에서도 못 이룰 일이라고 여기신다. 특히 오랜 세월 담임목사의 사모로 살아오면서 마음을 풀어놓을 수 있는 관계를 만들기 어려우셨던 것 같다. 어머님의 가까운 친구는 자식들과 자매들뿐이다. 그 시대에 사모로 살아오신 분들이 모두 그렇다고 할 수는 없을 테지만, 적어도 내가 인식한 사모의 삶은 어머님의 삶과 다르지 않기에 그 삶을 선택하고 싶지 않았던 것 같다.

어느 명절날이었다. 남편이 호기롭게 소매를 걷어붙이고 설거지를 하겠다고 나섰다. 어머님은 "남자가 무슨 설거지냐, 힘들 텐데 좀 쉬어라"라고 하시는 게 아닌가! 나로서는 매우 서운한 말씀이었다. 에너지를 쓰는 정도를 가늠하기는 어렵지만, 파트 사역을 하는 신랑만큼 주 5일 동안 일하는 나도 못지않게 힘들게 일하고 있다고 생각했기 때문이다. 며느리가 설거지하는 건 당연한데 아들이 설거지하는 건 당연하지 않은 어머님의 말씀에 순간 속이 상했다. 나는 곧장 어머님에게 서운한 감정을 드러냈다.

"어머니~! 저도 일해서 똑같이 힘들어요~! 오늘은 나서서 하겠다고 하는데, 큰아들이 설거지하게 놔둬도 되지 않을까요?! 저 좀 서운할 뻔했어요, 어머니~!"

속내를 표현하면서 어머님의 품에 안겼다. 함께한 가족들은 모두 호탕하게 웃어 주었고, 어머님이 가장 크게 웃으셨다. 할 말을 다 하는 며느리를 품어 주시는 어머님은 마음이 바다와 같이 넓고 사랑이 많은 분이다. 기분이 나쁜 게 아니다. 나도 똑같은 딸이라 여겨 주시길 바랐던 마음에 속상함을 내비쳤을 뿐이었다. 어머님은 감정에 솔직한 그런 나의 모습조차 부러워

하신다.

　시대가 많이 바뀌었다. 목사 역할의 스펙트럼이 넓어진 만큼 사모의 모습도 다양해졌고, 교회 내의 허용 범위도 느슨해졌다. 사모는 주체적이면 안 되는 걸까? 목사인 남편의 곁에서 사모로 살며, 보조하는 역할로 사는 존재여야만 하는가 말이다. 이런 주체적인 사모의 모습을 가진 며느리를 보며 부러워하는 어머님을 바라보고 있노라면 마음 한편이 먹먹해지곤 한다. 그래서 나는 종종 어머님의 감정을 궁금해하며 묻곤 한다. 어머님의 생각을 듣고 싶고, 어머님이 무언가를 한다고 하시면 언제나 응원을 아끼지 않는다. 사랑하는 내 어머니가 환갑이 넘은 지금이라도 하고 싶은 일을 하시면 좋겠고, 행복하길 간절히 바라기에….

화성에서 온 목사, 금성에서 온 사모 _ 이정희

말씀과 기도가 없는 우리 집

가정 예배를 드리고 싶었다. 신혼 초에는 억지로 남편을 앉혀 놓고 말씀을 읽고 기도를 해 보기도 했다. 서너 번 정도 했을까? 뚱한 표정으로 이 시간이 빨리 지나가기만을 기다리는 남편을 보고 있자니, 마음도 없는 사람을 앉혀 놓고 내가 뭘 하는 건가 싶었다. 남편은 수요 예배, 금요 예배, 토요일 출근, 주일에는 파트 사역자임에도 불구하고 중고등부와 청년부 두 부서를 담당하고 있었다. 그에게 집은 오롯이 쉬고 싶은 공간이었을 것이다. 그 마음을 알 리가 없었던 어린 사모는 부푼 꿈을 안고 가정 예배를 드리자고 부추겼지만 부질없는 일이라고 여겨 재빨리 포기하고 말았더랬다. 억지로라도 꾸준히 하다 보면 하나님이 마음을 바꿔 주실지도 몰랐다. 하지만 그렇게 하지 않았던 것이 지금 생각해 보면 참 잘한 선택이라 여겨진다.

결혼 11년 차인 현재까지 여전히 우리 집은 가정 예배가 없다. 특별히 말씀을 나누거나 기도를 부탁하는 일 또한 거의 없다. 우리 가정을 지탱해 온 유일한 비결은 '스몰토크' 또는 지속적인 '대화'라고 할 수 있는데, 대부분은 잠자리에서 보통 40분 정도의 대화를 나누곤 한다. 남편은 집돌이 중의 집돌이다. 외부 활동에 시간과 에너지를 사용하는 것에는 의미를 크게 두지 않는 사람이다. 나는 외향형이지만 남편과 있는 곳이라면 그게 어디든, 먹을 메뉴가 무엇이든 상관이 없다. 그 사람과 함께 있으면 그곳이 천국이기 때문이다. 결혼하고 외식은 집 앞 김밥집에서 다양한 메뉴를 골라 먹거나, 치킨이나 곱창을 시켜 먹는 게 고작이었다. 부부가 함께 외부로 나가는 일은 가족 행사 말고는 거의 드문 일이었다. 데이트하던 시절부터도 맛집을 다니거나 여행을 간다거나 했던 추억이 손에 꼽힐 정도로 적다. 죽이 잘 맞는다고 해야 할까? 대화의 지분은 8:2로, 나는 말하기를 좋아하고 남편은 들어주는 것이 더 편한 사람이다.

그날도 잠들기 전 스몰토크 중, 느끼고 생각한 무언가를 수다스럽게 이야기하던 중이었다. 무심결에 내가 "깨어 있는 사람들은…"이라는 단어를 사용하자 대화가 일시 중지. 경청하던 남편은 내게 물었다.

"근데 네가 말하는 '깨어 있다'의 기준은 뭐야?"

화성에서 온 목사, 금성에서 온 사모 _ 이정희

순간 말꼬리를 잡는 건가 싶었지만, 멈칫하여 곱씹는 시간이 생각보다 길어졌고, 이내 부끄러워졌다. 깨어 있고 깨어 있지 않음의 기준은 어디서 오는 것이란 말인가? 나는 그 짧은 순간에 검디검은 내 속을 하나님 앞에 들켜 버린 것 같았다. 마치 하와가 선악과를 먹고 벌거벗음을 인식하면서 하나님을 피해 숨어 버린 그 순간처럼, 쥐구멍이라도 있으면 숨어 버리고 싶은 심정이었다. 하나님 앞에 죄악된 무엇이 내 안에 존재한다면, 그것이 어떤 것이든 빛 가운데 드러나 마침내 회개의 자리로 이끌어 달라는 평소 내 기도의 응답이었을까? 제대로 된 기준이 있지도 않으면서 나만의 잣대로 사람을 깨어 있다고, 혹은 깨어 있지 않다고 판단했던 나 자신을 발견하고는 회개하지 않을 수가 없었다.

평소에도 말과 행동이 신중하고 겸손한 남편은 내게 본이 되는 사람이다. 가르치려 하지 않고, 자신을 낮추며, 말을 아끼고, 늘 그 자리에 있는 그이다. 그런 그의 스치는 한마디도 나에게는 이토록 영향을 주곤 한다. 나에게 설교를 하지는 않지만 그의 삶이 말해 주기에, 남편의 겸손한 성품을 통해 나는 하나님과 대화하곤 한다. 말씀 생활을 함께하지는 않지만, 하나님은 그를 통해 나로 하여금 말씀을 살아 내게 하신다. 기도의 형식은 없지만 삶 가운데 기도의 탄식을 토해 내게 하신다. 형식으로는 기도와 말씀이 없는 집이지만, 하나님이 우리 가정에 함께하시고 늘 말씀하심에 가슴 저리도록 감사하다. 그러나 나는 여전히 가정 예배를 꿈꾼다. 하나님이 말씀으로 가정을 세워 가시기를 소원한다. 아이가 있다면 더욱이 그래야 할 텐데, 아이를 기다리는 우리 가정에 소원하는 마음이 점점 커지는 것이 당연할지도 모른다. 하나님 앞에서 소원함을 가지고 기다리는 이 시간 또한 귀하지 않을 수 없다. 하나님은 참으로 사랑이시다.

딩크족 사모

　결혼을 하면 아이는 적어도 세 명은 낳겠다던 나는, 스물다섯에 막냇동생이 태어나면서 알게 되었다. 아이를 좋아하는 것과 낳아서 기르는 것에는 분명한 차이가 있다는 것을. 막냇동생을 키워 보면서 자연스럽게 여성의 출산과 육아는 '나라는 사람이 증발하게 만드는 것 아닐까?' 하는 막연한 두려움을 갖게 했다. 그래서 "난 아이를 낳지 않을 거야"라고 단언했음에도 불구하고, 남편은 둘이 살아도 행복하게 살 수 있을 거라 확신하며 나와의 결혼을 선택했다.

　오늘날 생존 본능은 종족 번식의 본능을 이긴 지 오래다. 요즘 세대는 경제적인 이유와 가치관의 이유로 딩크족이라는 길을 선택한다. 그야말로 '나(ego)'가 가장 중요한 시대를 살아가고 있다. 나도 그랬다. 내가 너무나도 중요했다. 아이를 키우느라 '내가 사라진 것 같은 현실'을 마주할 용기가 없었다. 비록 출산과 육아의 고통은 존재하지만, 생명을 낳아 기르는 신비를 말하지 않는 부모는 단 한 명도 없다. 출산을 권유하는 말도 수 없이 들어왔다. 그들은 하나같이 너무 행복하다고 말했다. 하지만 안타깝게도 내 눈에 비친 그들은 그다지 행복해 보이지 않았다. 대부분 지쳐 보였다. 그 모습들은 내 안의 출산과 육아에 대한 두려움을 더 증폭시켰던 것 같다.

그러던 어느 날, 몇 년 만에 놀러 간 친구 집에서 하나님은 예고 없이 내 마음에 불을 지피셨다. 육아 맘인 친구와 긴 시간을 함께하기 위해 친구 집에서 1박을 하게 되었는데, 내 눈에 비친 친구는 한마디로 '세상에서 가장 행복한 엄마' 그 자체였다. 친구인 나를 불편함이 없도록 살뜰히 배려하며 대화에 집중하는 태도를 잃지 않으면서도 아이들 끼니와 간식을 챙기며 잠을 재우고 책을 읽어 주는 등 어느 것 하나 부족함 없이 지혜롭게 대처하는 모습을 보고 감동했다.

어쩌면 이것은 그 친구의 기술이지 않을까? 본질적으로 사람을 대하는 그 친구의 가치에서 비롯된 모습일지도 모른다고도 생각했다. 그러나 그것과는 무관하게 그저 그 친구가 너무 행복해하는 걸 느낄 수 있었다. 아이들의 엄마로서 아이들에게 사랑을 주기만 하는 것이 아니라 아이들에게 더 큰 사랑을 받고 있다는 것이 느껴져 내 입가에 미소를 띠게 했다. 조금 더 솔직한 그때의 내 심정은 친구가 누리는 그 행복이 탐났던 것은 아니었을까? 분명한 건 처음으로 출산과 육아를 소원하는 마

화성에서 온 목사, 금성에서 온 사모 _ 이정희

음이 생겼다는 것이다.

'저도… 저도 아이 낳고 싶어요. 주님.'

결혼하고 딱 10년 만에 일어난 기적 같은 순간이다. 사실 이런 생각의 갑작스러운 변화가 스스로에게는 매우 당혹스러웠다. 고작 하루 만에 지금까지 살아온 인생의 가치관이 순식간에 바뀐다는 게 가능한 일인가 말이다. 인간은 스스로 한계를 짓고 부족한 상상력 안에 생각을 가두지만, 하나님은 언제나 무한하시고 창의적이며 예술적이다. 그뿐만 아니라 우리를 선하신 뜻 가운데로 인도하시는 분이 우리 하나님이 아니신가? 이후 '그저 아내의 마음이 바뀌길' 기다리고 있던 남편은 내 결심을 듣고 바로 아이를 준비하자며, 평소와는 다른 적극성을 보여 주었다.

딩크족이었을 때는 몰랐던, 가정에 주신 축복 중 가장 중요한 한 가지를 놓치고 살아왔음을 깨달았다. 아이를 갖지 않기 위해 노력하던 피임에 대한 자유함을 경험하고 보니, 또 다른 세상이 기다리고 있었다. 하나님이 가정에 주신 순리대로 살아갈 수 있음이 얼마나 큰 축복인지 딩크족이었던 내가 미처 알 수 없었던 신비였다. 우리는 이전보다 서로를 더 섬기고 배려

하려 애쓴다. 더욱 친밀해졌다. 아이를 기다리는 이 시간이 너무 소중하고 귀하다. 마흔이 넘은 나이를 생각하면 후회할 수도 있지만, 주님이 가장 적기에 나에게 아이에 대한 소망을 주셨다고 믿는다.

사랑하는 마음이 생겼을 때 소망을 주시는 인격적인 하나님을 찬양한다. 하나님이 마침내 우리 가정에 소중한 생명을 허락하신다면, 부모로서의 청지기 역할을 감당하며 너무 감사할 것이다. 물론 그리 아니하실지라도 감사할 것이다. 가정 안에서 하나님의 순리대로 삶을 살아갈 때 하나님이 기뻐하신다는 것을 깨닫는 것만으로도 그분의 깊은 마음을 아주 작게나마 헤아릴 수 있음을 알기 때문이다.